MATRIMONIO
Y
DIVORCIO EN LOS
SANTOS EVANGELIOS

GABRIEL BORAGINA

Matrimonio y divorcio en los Santos Evangelios

GABRIEL BORAGINA

Matrimonio y divorcio en los Santos Evangelios.

Contenido

Presentación

La idea de matrimonio y divorcio en los tiempos bíblicos poco y nada tienen que ver con su evolución posterior, y menos aún guardan relación con las concepciones modernas de nuestros días.

Sin embargo, no son pocos los que desde las religiones actuales -en especial las que se dicen cristianas- tratan de aplicar las costumbres, ideas, conceptos y creencias antiguas a la realidad de hoy prescindiendo de muchos factores que este autor estima de importancia, entre ellos los históricos, jurídicos, sociológicos y económicos.

Este breve ensayo se ha escrito para analizarlos y darles la importancia que estimo adecuada, y de la que he notado se ha prescindido en los comentarios religiosos que he leído y escuchado sobre el tema.

El presente, no es un estudio exhaustivo sobre el asunto, ni pretende serlo. Y está limitado al análisis de textos bíblicos casi con exclusividad. De hecho, he preferido indagar en la fuente que sirvió de base para dos religiones o creencias (conforme guste llamarlas el lector) la judía y la cristiana.

No deja de ser una opinión personal sobre el tópico que, como todos mis escritos, no intenta imponer nada a nadie en el marco de sus personales convicciones. Sólo es una exposición de mis investigaciones y conclusiones sobre la cuestión. Tema que me ha preocupado desde varios ángulos.

No se me escapa que no serán pocos los que no acuerden con mi análisis ni con mis conclusiones. Corro ese riesgo como de costumbre. Pero quizás ayude a algunos a considerar la materia desde un ángulo diferente al que estaban o están acostumbrados. A este último grupo es posible que estas reflexiones les sean de utilidad.

No resulta posible abordar el tema en el NT sin hacer ninguna referencia al AT, porque los nexos entre ambos son indiscutibles. Y sí bien el objeto principal de este comentario es el tratamiento del asunto en el NT (enfocado, en rigor, en los cuatro Evangelios) nos veremos obligados frecuentemente a citar y comentar pasajes del AT.

Sin más prolegómenos, entremos en materia.

El autor

1. Entrando en tema

Dios, matrimonio y sexo

Para muchos creyentes este título será casi herético por incluir la palabra *sexo* dentro del mismo. Conciben el último término como fuertemente antagónico de los primeros, casi como antónimos.

Los religiosos -poco más o menos sin excepción- afirman que el sexo sólo es lícito dentro del matrimonio. El problema radica en que el concepto de matrimonio varia conforme los distintos credos, y no todos entienden por dicha palabra la misma cosa.

Como si fuera poco, tampoco el vocablo "matrimonio" significó la misma cosa en el tiempo ni en el espacio. Muchas cosas diferentes se quisieron nombrar con esta palabra conforme distintas épocas y disímiles lugares.

En la actualidad, podemos decir que hay un concepto civil y otro religioso del matrimonio. Veamos la siguiente definición general del término:

Matrimonio

Del lat. mater (madre), formado a partir de patrimonium (patrimonio), cuyo sufijo -monium es de origen oscuro. Oficio de la madre, aunque con más propiedad se debería decir "carga de la madre", porque es ella quien lleva, de producirse, el peso mayor antes del parto, en el parto y después del parto; así como el "oficio del padre" (patrimonio) es, o era, el sostenimiento económico de la familia.

El Diccionario de la Academia define el matrimonio como unión de hombre y mujer concertada de por vida mediante determinados ritos o formalidades legales. Esto es en cuanto al matrimonio civil (v.). | En lo que se refiere al matrimonio canónico (v.), el mismo Diccionario expresa que se trata de un sacramento propio de legos por el cual hombre y mujer se ligan perpetuamente con arreglo a las prescripciones de la Iglesia.

Como se advierte, ambas definiciones contienen, entre otros, el elemento común de la perpetuidad o carácter vitalicio del contrato (o sacramento) matrimonial, concepto válido incluso para aquellos países cuyas legislaciones admiten el divorcio vincular, porque la duración ilimitada del enlace está referida al propósito que anima a los contrayentes, y que es también exigencia legal, en el momento de la celebración; lo que no impide admitir la posibilidad de que la unión conyugal quede rota posteriormente, con disolución del vínculo o sin ella, por circunstancias imprevistas de naturaleza grave. Al establecerse como principio básico de la institución la idea de la permanencia, lo que se quiere señalar es la inadmisibilidad de matrimonios que se contraigan por un plazo o término preestablecido. Ello es así, dejando aparte el aspecto religioso del tema examinado, porque hasta ahora se ha entendido que el matrimonio no es un simple contrato que afecta sólo a las partes contratantes, sino que se trata de una institución que determina luego relaciones paternofiliales con repercusión en la subsistencia de una organización que, como es la familia, constituye el fundamento de un orden social determinado.

Sin embargo, no puede desconocerse que, por la evolución de las costumbres, el principio de perpetuidad, siquiera como intención inicial, se encuentra en franca quiebra, no sólo porque ya se habla de la posibilidad legal de celebrar matrimonios a prueba (una de cuyas manifestaciones es la unión prematrimonial de la pareja hombre-mujer, como ensayo o experiencia para contraer luego el vínculo legal), sino principalmente porque las legislaciones de algunos países admiten ya, abierta o encubiertamente, el divorcio vincular, o la separación de cuerpos, por mutuo disenso. [1]

Ergo, hay matrimonio sólo cuando quienes lo contraen lo hacen con intención de perpetuidad y que la duración ilimitada del enlace está referida al propósito que anima a los contrayentes, y que es también exigencia legal, en el momento de la celebración. Esta exigencia legal o canónica (coinciden en ambos tipos de matrimonio) es la de manifestar verbalmente el propósito que anima a los contrayentes, de la duración ilimitada del enlace.

No hay otra forma de conocer dicho propósito excepto que los contrayentes lo expresen oralmente ante el celebrante.

Ahora bien, ¿hay garantías objetivas que la exteriorización del propósito de perpetuidad sea sincera en el momento en que se lo fórmula? Mi respuesta es NO, ninguna. Puede ser sincero en ambos, sólo en uno de los contrayentes o en ninguno de los dos. En estas dos últimas situaciones es imposible hablar de matrimonio. Se formalizará -en tal caso- otro tipo de relación, pero no una relación matrimonial. Entendemos que lo legal ha de atender a lo objetivo, pero nuestro análisis aquí va más allá de lo simplemente legal. Tratamos de apuntar a lo sustancial del matrimonio.

---

[1] (Ossorio Manuel. *Diccionario de Ciencias Jurídicas Políticas y Sociales.* Editorial HELIASTA. 1008 páginas - Edición Número 30-ISBN 9789508850553. Voz matrimonio)

Esto está implícitamente reconocido en la segunda parte de la definición cuando el diccionario dice:

Sin embargo, no puede desconocerse que, por la evolución de las costumbres, el principio de perpetuidad, siquiera como intención inicial, se encuentra en franca quiebra.

Ante la evidencia de una naturaleza humana en si misma cambiante ¿tuvo o tiene sentido exigir a esa naturaleza humana intrínsecamente mutable algo "perpetuo"? Antropológicamente dicha exigencia fue, es y será (en la medida que la naturaleza humana siga siendo lo que fue y lo que es hoy) un despropósito completo y -por demás- absurdo.

Aquí el principio legal atiende a una realidad humana, social y personal de los contrayentes. Es el reconocimiento que no podemos saber qué es lo que piensa, desea o quiere la otra parte, ni cuáles son sus intenciones de permanencia, ni la firmeza de ellas (de existir), es decir, si esta es temporal o atemporal. Por supuesto, si siquiera los novios pueden saberlo menos aun un tercero como el celebrante podrá.

Ni tampoco nosotros podemos estar al tanto de cómo pensaremos o sentiremos dentro de cinco minutos. Nuestros más firmes propósitos de hoy pueden esfumarse el día de mañana.

En suma, el matrimonio tal como se lo entiende hoy día, se reduce a una mera formalidad que no hace a su esencia, excepto en el fuero íntimo de los novios, lo que nadie -salvo Dios- puede conocer. Inclusive, a veces, ni menos los mismos contrayentes en el acto matrimonial. Sigamos con la otra parte de la definición:

Cuál sea la finalidad del matrimonio constituye tema cuyas soluciones no son coincidentes, pues mientras para algunos es sólo la procreación de los hijos, para otros es la ayuda mutua, moral y material, de los cónyuges, y para otros la satisfacción sexual. Posiblemente sean los tres aspectos mencionados los que encierran el verdadero objetivo de la institución. Ahora bien, como esas tres finalidades, especialmente la primera (procreación) y la tercera (satisfacción sexual) pueden también lograrse fuera del matrimonio, forzoso será concluir que el matrimonio tiene un fin social que consiste en servir de fundamento al grupo familiar que es, a su vez, la base de un determinado concepto de organización de la comunidad y que por eso no es aplicable a pueblos cuyo sistema de vida difiere de la llamada civilización occidental. Esto parece importante porque, tanto por su sentido como por su esencia, ha de entenderse por matrimonio la unión monogámica de hombre y mujer.

Claramente las tres finalidades pueden también lograrse fuera del matrimonio, no sólo la primera y la tercera. Lo que no queda del todo claro es que excluyéndolas forzoso será concluir que el matrimonio tiene un fin social que consiste en servir de fundamento al grupo familiar que es. ¿Cuál sería ese fundamento? Y ¿por qué seria ese fundamento un "fin social"? Parece que la respuesta está en la última línea, donde se alude a la monogamia en clara oposición a la poligamia. Así adquiere sentido la mención de la llamada *civilización occidental.*

Pero entonces, todo lo que en esencia caracteriza al matrimonio no es más que eso: la unión monogámica de hombre y mujer, admitiéndose que esta es la base de un determinado concepto de organización de la comunidad y que por eso no es aplicable a pueblos cuyo sistema de vida difiere de la llamada civilización occidental.

Con esto desaparece definitivamente el elemento perpetuidad intencional, lo que es completamente acorde con la naturaleza y falibilidad humana, por un lado, y la mutabilidad de las ideas, acciones y conductas humanas por el otro.

Si la triple finalidad puede -y, de hecho- se logra fuera del matrimonio, y la intención de perpetuidad es utópica, ilusoria, o difusa, el matrimonio se reduce a una simple apariencia, que es la representada por la ceremonia celebrada ante un tercero (oficial del gobierno o representante religioso), incluida la fiesta y recepción a los amigos y familiares de los novios.

Sugestiva es la parte final de la definición de matrimonio cuando expresa:

Teóricamente, la edad para poder contraer matrimonio debería ser aquella en que los contrayentes hubiesen alcanzado la pubertad; o sea, la capacidad para procrear; pero, como esa situación es diferente para cada individuo, las legislaciones han tenido que acudir a la ficción legal de que la aptitud sexual para celebrar nupcias se produce automáticamente en la mujer a una determinada edad y en el hombre a otra, siendo la pubertad en aquélla más temprana que en éste. Lo más corriente es fijar la de la mujer en los doce años, y la del hombre en los catorce. En la Argentina, catorce y dieciséis, respectivamente. (V. IMPEDIMENTO)[2]

Más allá del aspecto biológico que resalta la definición en esta última parte, nótese como se le da aquí claras connotaciones sexuales al matrimonio. Esto coincide con la idea antigua de matrimonio, en donde este se veía y constituía sólo un medio para obtener hijos legítimos, y la función de la mujer dentro del matrimonio se limitaba exclusivamente a proveerle hijos al marido, característica notoria, sobre todo en los pueblos orientales, hasta hoy en muchos casos.

---

[2] Ossorio Manuel. *Diccionario ...Ob. Cit.*

Ahora bien, adviértase también en todo el desarrollo de los conceptos legal y religioso del matrimonio, la ausencia de una palabra-para nosotros fundamental- que es la palabra AMOR. En ningún caso se la menciona. En ningún supuesto el amor se considera elemento ni ingrediente indispensable para el matrimonio. Ni siquiera accesorio.

Analicemos ahora la definición del llamado matrimonio canónico:

Matrimonio canónico

Esta institución, que carece de definición en el Código de Derecho Canónico, es definida por L. A. Gardella como "un contrato legítimo entre varón y mujer, cuyo objeto es el derecho perpetuo y exclusivo sobre los cuerpos, que ambos contrayentes se otorgan recíprocamente, en orden a la procreación; contrato que, en tratándose de cristianos, constituye a la vez sacramento". Esta definición podría ser objetada en el sentido de que pareciera que, canónicamente, la única finalidad del matrimonio es la procreación, cuando, en realidad, existen otras finalidades, como son la asistencia mutua y aun la satisfacción sexual, inclusive desde el punto de vista de la Iglesia; porque, de otro modo, habría de admitirse canónicamente la posibilidad de disolución del vínculo cuando se hubiese comprobado, en uno de los cónyuges o en ambos, la impotencia generadora, como ocurre con cierta frecuencia; por ejemplo, cuando la mujer tiene que ser sometida por razones terapéuticas a una extirpación de ovarios.[3]

Hasta aquí las diferencias con la definición anterior general de matrimonio son nulas, ya que se repite la triple finalidad y la intención de perpetuidad. Curiosamente, esta

---

[3] Ossorio Manuel. *Diccionario ...Ob. Cit.*

definición no es incompatible con el concepto de poligamia, ya que se podría contratar esa perpetuidad y exclusividad con varias personas. Por ejemplo, el Sr. A. podría celebrar uno o varios contratos matrimoniales con las Srtas. B, C, D, E, ...etc. en la que cada una de ellas otorga un derecho perpetuo y exclusivo al Sr. A sobre su propio cuerpo.

> *Dejando aparte esas consideraciones, debe entenderse que matrimonio canónico es el celebrado ante la Iglesia católica con arreglo a los ritos y ceremonias por ella establecidos, inclusive tratándose de matrimonio de mixta religión (v.).* [4]

El resto de la definición la omitimos, porque alude a la validez legal de este matrimonio, cuestión que -de momento- no es objeto de nuestra investigación.

Resumiendo todo lo hasta aquí dicho, la conclusión que se impone es que el matrimonio es un acto que será llamado civil o religioso dependiendo del oficio del tercero ante quien se celebre, que a su vez será un empleado del gobierno o un eclesiástico, y que es independiente de la triple finalidad y de la intención de perpetuidad, que pueden o no concurrir, pero que no lo definen.

Desde nuestra particular visión, nada de lo anterior tiene que ver con el matrimonio divino, entendiendo por este el instituido por Dios. En las páginas que siguen trataremos de exponer cuales son las características de este matrimonio que, a nuestro criterio, es el único matrimonio válido, distinguiéndolo del que llamaremos *humano* y que es el que -en términos generales- hemos visto en las citas transcriptas arriba.

---

[4] Ossorio Manuel. *Diccionario* ...Ob. Cit.

2. El matrimonio judío

En lo que sigue de esta obra vamos a dividir el tema en dos capítulos principales. Primeramente, examinaremos en forma muy somera las características principales del matrimonio judío. En el segundo las del matrimonio cristiano. Todo, por supuesto, siempre desde nuestro particular punto de vista.

Si bien nos interesa principalmente el estudio de los textos bíblicos, haremos algunas referencias a otros. Comencemos por los de un prestigioso historiador:

> El mantenimiento de la unidad de las familias extendidas era la mejor defensa judía. La familia extendida era mucho más importante que la familia nuclear. Los documentos hallados en la *guenizá* muestran que la fidelidad principal se sentía hacia los padres, los hijos y las hermanas, no hacia los cónyuges. Las cartas entre hermanos y hermanas eran mucho más usuales que entre maridos y mujeres. Un proverbio utilizado por las mujeres decía: «Puedo conseguir marido, puedo engendrar hijos, pero ¿dónde puedo hallar un hermano noble?» Los testamentos demuestran que cuando un hombre moría sin descendencia, la propiedad pasaba a su hermano, o al miembro más cercano de la «Casa del Padre», no a la esposa, que recibía sólo su propia dote. Como decía un escrito, «el saldo de la propiedad retorna a la casa de mi padre»[5]

Si bien el historiador citado se está refiriendo a un periodo bastante posterior al bíblico[6], vamos a encontrar en la Biblia los fundamentos de esta explicación que aquí nos

---

[5] Paul Johnson, *La historia de los judíos*. Ediciones B, S. A., 2010 para el sello Zeta Bolsillo. Pág. 295

[6] El autor citado anteriormente nos aclara que son "Los documentos de la *guenizá* correspondientes a 1127-1131" en la página 293 de esa misma obra.

brinda. Veremos que en la Biblia la situación de la esposa era muchísimo peor.

Sigamos con el mismo autor:

Con el fin de conservar la fuerza de la familia, el matrimonio era obligatorio para los hombres, y para las mujeres en edad de concebir: los documentos de la *guenizá* no mencionan a las solteras. Un gran factor de la fuerza económica y social del judaísmo, en contraposición al islam, fue su rechazo de la poligamia. El Pentateuco en realidad no la prohibía, pero Proverbios 31:10-31 parecía defender la monogamia, y ésta fue norma desde los tiempos que siguieron al Exilio; a partir de la época del rabino Guershón (960-1028), la bigamia y la poligamia fueron castigadas con la excomunión más severa en la comunidad judía europea [59] La bigamia conducía a la excomunión también en Egipto, aunque en el caso del matrimonio obligatorio de la ley mosaica, Maimónides aprobó la bigamia, con la condición de que las esposas recibiesen el mismo trato: «una noche con ésta, una noche con aquélla [60] [7]

Dado que en realidad a nosotros nos interesa conocer el matrimonio desde la perspectiva divina -en la media que nos resulta humanamente posible- tratando de intuir cual es la voluntad de Dios al respecto, las consideraciones antes transcriptas no nos son de gran utilidad. Pero sirven a efectos de ponernos en contexto de lo queremos investigar.

La mención de Proverbios como adversa a la poligamia es del todo inexacta y desafortunada. Nada hay en ellos que la condene. Proverbios 31:10-31 no aborda dicho tema, sino que tiene una alabanza a la mujer hacendosa que deberían ser escasas en el Israel de entonces. Pero en ninguna parte se sugiere que correspondería ser la única mujer del marido. Debería ser frecuente que -entre varias de

---

[7] Paul Johnson, *La historia de los judíos*. Ob, cit, Pág. 295.

sus esposas- los maridos no hallaran ninguna que fuera hacendosa. Y de allí la necesidad de escribir esta apología de la misma. Es más, Pro 31:29 puede indicar que de entre todas las mujeres de su marido ella era la más sobresaliente. Este es el sentido más lógico. Consideramos desdichada la opinión de Johnson a este respecto. La poligamia tiene amplio respaldo bíblico.[8]

> El matrimonio era una transacción social y comercial destinada a preservar la cohesión de la sociedad, de modo que el contrato o *ketubbd* se redactaba como un acuerdo de asociación para evitar disputas, o facilitar la disolución, y se leía en la ceremonia.[9]

Recordemos que el historiador está hablando del matrimonio judío según documentos de la *guenizá* correspondientes a 1127-1131. En la Biblia no se menciona ese contrato entre esposos. Los contratos matrimoniales en época bíblica se celebraban entre los padres (varones, es decir, no las madres) de los contrayentes, o sea tanto del novio como de la novia. Continua así:

> La Biblia decía que Dios odiaba el repudio (es decir, el divorcio),[63] pero la defensa de la familia extendida, en contraposición a la nuclear, exigía que el divorcio fuese fácil, siempre que el contrato estuviera bien redactado. Las fuentes de la *guenizá* demuestran que era más usual en Egipto que en las familias judías europeas o norteamericanas hasta la segunda mitad del siglo XX. En el divorcio, la Mishná favorecía al hombre: «Una esposa se divorcia sea cual fuere su voluntad, pero el marido se divorcia sólo cuando él lo desea.» Las mujeres judías eran menos consideradas en el islam africano y asiático que en

---

[8] A este respecto véase la obra *La Poligamia es bíblica y es cristiana*, Por Tito Martínez. Ampliado el 6 de junio de 2012. www.las21tesisdetito.com
[9] Paul Johnson, *La historia de los judíos*. Ob, cit, Pág. 296.

la Europa cristiana, pero los registros de la *gueniza* indican que con frecuencia tenían más poder de lo que sugerían sus derechos formales. Si se las golpeaba, podían acudir a los tribunales, y a veces un marido tenía que requerir la protección de un tribunal frente a una esposa dominante. Muchas cartas revelan que las esposas atendían los negocios del marido cuando él estaba comerciando en el extranjero. Eran usuales las representantes y las intermediarias. Una mujer que figura en los registros tenía, en efecto, el apodo de «la Intermediaria»; regentaba un negocio, fue expulsada de una sinagoga, pero figuró en una lista de suscripción pública, y murió rica.[10]

Como veremos más adelante, la Biblia decía muchas cosas a favor y en contra del divorcio. Y la cita que hace Johnson de "La Biblia" corresponde en realidad a Malaquías, quien no se refería a los judíos en general, sino solamente a los sacerdotes que repudiaban a sus mujeres israelitas para casarse con extranjeras idólatras. Y esto último era lo que odiaba Dios (la idolatría). No el repudio en sí mismo, ya que lo había autorizado a Moisés para legislarlo. Es decir, la mención esta sacada de contexto. No son pocos los autores antidivorcistas que quieren forzar textos bíblicos para apoyar sus posturas en la materia. Y Johnson parece enrolarse entre ellos.

Mas próximos en el tiempo, veamos que dice Johnson sobre el matrimonio y divorcio ya en el Estado de Israel:

Los ortodoxos también estaban ofendidos a causa del modo en que muchas instituciones infringían las antiguas normas acerca de la segregación de los sexos. Cerca de

---

[10] Paul Johnson, *La historia de los judíos*. Ob, cit, Pág. 296,297.

los centros de la ortodoxia hubo coléricas escenas en relación con los salones de baile y el baño mixto. Acerca de la incorporación de las muchachas al ejército, el Consejo de los Grandes Hombres afirmó que debía desafiarse la ley aún a riesgo de muerte. Fue una de las muchas batallas que los religiosos ganaron.[11]

Ya constituido el Estado de Israel, se está refiriendo a los judíos ortodoxos. En lo que al tema de nuestro libro se trata, lo que los ortodoxos pretendían era mantener las antiguas discriminaciones contra la mujer que ya venían impuestas en la Biblia, en particular en el AT. Y a juzgar por lo que sigue comentando el autor citado, lo consiguieron con creces.

> También se impusieron en el tema fundamental del matrimonio. El estado laico de Israel se vio obligado a desechar la institución del matrimonio civil. Impuso la ley ortodoxa incluso a las uniones seculares, de acuerdo con las cláusulas de las secciones 1 y 2 de la Ley de Jurisdicción de los Tribunales Rabínicos (Matrimonio y Divorcio) de 1953. Los miembros secularistas de la Knésset votaron por la aprobación de la ley porque de lo contrario Israel se habría dividido gradualmente en dos comunidades que no podrían celebrar matrimonios mixtos. Pero la ley provocó casos difíciles y litigios prolongados, que afectaron no sólo a los no judíos y a los judíos secularizados, sino también a los rabinos reformados y a sus conversos, pues los rabinatos ortodoxos eran los únicos que tenían el derecho de reconocer las conversiones, y no aceptaban las reformadas. Los expertos ortodoxos en el matrimonio y el divorcio, con todo derecho por lo menos desde su punto de vista, impusieron a categorías enteras de inmigrantes judíos las pruebas más rigurosas. Así, en 1952 las prácticas de divorcio de 6.000 *bene israel* (judíos de Bombay) fueron examinadas en busca de irregularidades (aunque finalmente se las

---

[11] Paul Johnson, *La historia de los judíos*. Ob, cit, Pág. 810

convalidó), y en 1984 se inspeccionaron los matrimonios de los judíos *falasha* de Etiopía.[12]

Nuevamente, en lo que a nosotros nos interesa a los fines de este libro, lo expuesto por el autor en examen implicaba que en Israel se mantenía (y parece ser que hoy en día sigue siendo así) la estructura legal y religiosa del matrimonio bíblico, ya que no se dice que hubiera sido otra la sostenida por el sector ortodoxo del judaísmo.

Hubo agrias disputas acerca del nuevo matrimonio y el divorcio. Deuteronomio 25:5 impone el levirato a una viuda sin hijos, que debe unirse con el hermano del esposo fallecido. La obligación termina con la *baliza,* o la dispensa del cuñado. Pero si el cuñado es menor, la viuda debe esperar. Si él es sordomudo y no puede decir: «No deseo tomarla», ella no podrá volverse a casar. El caso se presentó en 1967 en Ashdod; de hecho, el sordomudo ya estaba casado. De modo que el rabinato acordó un matrimonio bígamo y autorizó el divorcio al día siguiente. También hubo casos difíciles allí donde uno de los cónyuges se negaba a conceder el divorcio. Si la negativa provenía de la mujer, el divorcio era difícil; pero si provenía del hombre, era imposible. Por ejemplo, en un caso de 1969 el marido fue sentenciado a catorce años de cárcel por seis ataques obscenos y tres violaciones. La esposa solicitó el divorcio, el hombre se negó y la pareja continuó casada de acuerdo con la ley rabínica, pues el caso de la esposa carece de solución civil en Israel.[13]

En el AT la mujer no podía pedir el divorcio ni podía negarse a que el marido lo pidiera. Su oposición carecía de cualquier efecto, ya sea jurídico o social. Que el divorcio fuera "difícil" negándose la mujer puede suponer que el marido debía probar la causal de *infidelidad* para que le fuera concedido, que era una de las dos posturas judías que en

---

[12] Paul Johnson, *La historia de los judíos*. Ob, cit, Págs. 810-811.
[13] Paul Johnson, *La historia de los judíos*. Ob, cit, Pág. 811.

tiempos bíblicos existían para la interpretación de la ley mosaica sobre el divorcio. Y que fue la única causal admitida por Nuestro Señor Jesucristo para habilitar el divorcio.

No obstante, la mujer carecía de total posibilidad de iniciativa (y de solución) para el caso de la que quisiera divorciarse fuera ella. Obviamente, el actual divorcio por mutuo acuerdo o consentimiento era del todo inexistente.

Definiciones bíblicas del matrimonio

Analicemos ahora dos definiciones, tomadas de diferentes diccionarios bíblicos, marcadamente contrapuestas del vocablo matrimonio y veamos cuál de las dos es la que más se ajusta a la realidad y a la razonabilidad conforme a la época y los registros históricos:

1. **Matrimonio**[14]

En el AT. Naturaleza. Es significativo que tanto en hebreo como en griego falta una palabra para significar el m: Tampoco nuestro concepto de m. se halla en el AT; la palabra berít, <<pacto>>, <<alianza>> (Mal 2,14), es la que más se aproxima a nuestra idea. Aun cuando fue Yahvéh quien presentó al primer hombre la primera mujer (Gén 1,28 2,18-25 Tob 8,7-10.15) y la unión conyugal es designada como pacto o alianza de Yahvéh (Mal 2,17[15]), que es su testigo y protector, el m. no es en Israel, como tampoco en el antiguo oriente, asunto religioso ni público, sino asunto puramente privado entre dos familias, es decir, entre el padre de la esposa y el padre del esposo como representante de este (Gén 24,2ss 38,6 Dt 7,3 Jue 14,2S) o el esposo mismo (Ex 22,15)[16]. El padre elige la esposa para el hijo (Gén 24,2ss 38,6 Dt

---

[14] *Diccionario de la Biblia de Jerusalén.* por Yamil Cáceres (Ya1000caceres@gmail.com) Creada/Modificada con [Made/Modified with] Biblos

[15] Esta cita esta fuera de contexto, porque la enseñanza se dirige a los sacerdotes. Algo que pierden de vista incluso quienes comentan estos versículos.

[16] Éxo 22:16 ¶ Si alguno seduce a una doncella que no esté desposada, y se acuesta con ella, deberá pagar una dote por ella para que sea su mujer. Éxo 22:17 Y si el padre rehúsa dársela, él pagará una cantidad igual a la dote de las

7,3, cf. Jue 14,2S) y logra el consentimiento del padre de la esposa (Ex 22,16), pagándole el precio de la esposa.

Indica claramente que, desde el comienzo de los tiempos, el matrimonio fue entendido simple y llanamente como un contrato comercial entre familias. La idea de matrimonio como *institución* tiene sus rudimentos recién en el derecho romano. Como se advierte, si bien no se menciona la procreación como finalidad matrimonial, esa era la misma para los antiguos hebreos, y el único objeto del matrimonio, lo cual, aunque no surja de esta puntual definición si lo hace del conjunto del texto bíblico.

Veamos ahora esta otra definición:

2. **MATRIMONIO**[17]

El matrimonio fue la primera institución divina de las Escrituras y la única establecida para la humanidad antes de la entrada del pecado. Como tal es la institución fundamental de la sociedad humana. Lo ideal divino se establece con el primer hombre y la primera mujer (cp. Gén 2:18-25). La descripción de "unirse" para formar "una sola carne" describe el matrimonio como unión del amor (cp. Ose 2:19) entre hombre y mujer formando comunidad permanente de interés y fidelidad. Implica una relación pactada (Mal 2:14). La explicación de la mujer como "ayuda idónea" para el hombre explica más el matrimonio como compañeros en una relación complementaria de ayuda mutua. El egoísmo del pecado trastornó la armonía matrimonial, causando desorden, infidelidad y a veces disolución del matrimonio. Por la dureza del corazón humano Dios permitió desviaciones de lo ideal pero las reguló para evitar abuso excesivo (cp. Mat 19:4-8). El establecimiento del matrimonio sólo tiene que ver con la vida natural terrenal y no se pertenece a la vida en la resurrección (Mat 22:30). (*véase* DIVORCIO).

No hay **ningún** texto bíblico que apoye esta segunda noción de matrimonio como de "institución". Los versículos

---

vírgenes.

[17] *La Biblia de las Américas De Estudio.* Edition ©2000. Editorial: The Lockman Foundation. Copyright: ©1986, 1995, 1997, 2000 Propietario: The Lockman Foundation

que se citan como fundamento (Gén 2:18-25) no ofrecen ningún indicio de nada parecido a una *institución*. Se limitan a narrar la creación del hombre y la mujer y su mutua complementariedad con un lenguaje rústico (ayuda idónea). La idea de *institución matrimonial* es **extra bíblica** y relativamente moderna. **Tampoco** Ose 2:19 describe una "unión del amor". El *pacto* era -como acertadamente indica la primera definición- entre los padres de los novios y no entre estos. Dicho *pacto* **entre familias** se celebraba muy tempranamente, cuando los futuros novios aún eran niños. Se asumía la ficción de que los hijos estaban obligados a respetar y obedecer ese pre-acuerdo familiar con absoluta independencia de sus pareceres, gustos o deseos. La "ayuda idónea" bíblica es una fórmula arcaica que describe las distintas naturalezas (femenina y masculina) creadas por Dios, y su complementariedad. Pero el texto bíblico habla de la mujer como ayuda del hombre, y no a la inversa. El mismo pudo haber servido como fundamento a la **esclavitud** de la mujer como sierva de su esposo, dado que esa fue la condición que los judíos dieron social y jurídicamente a sus mujeres. No obstante, creemos que no fue esta la intención de Dios al crear a la mujer.

La circunstancia de que el Genesis narre que la mujer se formó a partir de la costilla del primer hombre, pudo haber servido de base a la idea hebrea de que ese solo hecho estaba indicando que la mujer estaría de por vida subordinada al hombre como su sierva. Este fue efectivamente el *status* social que desde tiempos remotos cumplió la mujer hebrea dentro de su sociedad.

No hay registros bíblicos que digan que "la armonía matrimonial" debiera ser diferente a la armonía entre los seres humanos en general. De hecho, la armonía entre Adán y Eva no se quiebra, sino que lo que se quiebra es la relación de la primera pareja con Dios, dado que la unión de ambos no se disolvió después del pecado. En cuanto a la *desarmonía* matrimonial sólo podía causar "disolución del matrimonio" exclusivamente si Dios lo disolvía, porque lo unido por Dios sólo Dios lo puede desunir. Después del pecado original, es ocioso hablar de "ideal". El "ideal" sólo podía cumplirse (y de hecho se cumplía) antes del pecado original y no después de él. En estado pecaminoso ningún "ideal" puede ser alcanzado, ergo, el "ideal" permanece como ideal y no puede ser realizado. La única fusión entre lo *ideal* y *real* se sintetiza en Dios mismo.

Por lo demás, la armonía matrimonial se entendía entonces como la subordinación de la mujer a las órdenes del marido. "Armonía" para el hombre antiguo significaba obediencia de la mujer al esposo, de tal suerte que si la mujer desobedecía al marido la "armonía" matrimonial se quebraba. Es un grave error entender la palabra "armonía" como la conocemos hoy en día.

Resumiendo, entonces el análisis de ambos conceptos, la definición número 1 es la más aceptable por su rigurosidad histórica. En cuanto al verdadero sentido de la voluntad de Dios, compartimos no obstante las críticas que le hemos hecho, la parte de la definición N° 2 en donde dice: "La explicación de la mujer como "ayuda idónea" para el hombre explica más el matrimonio como compañeros en una relación complementaria de ayuda mutua". En lo demás, la definición N° 2 es descartable por las críticas ya efectuadas.

Agrega otro interesante autor:
"Tampoco se dio entre los judíos una difamación del matrimonio ni un ideal de virginidad o de celibato. Los levitas y los sacerdotes debían casarse, aunque sólo con honradas vírgenes de Israel. El compromiso previo al matrimonio se llamaba «kiddushin» (encarnación) y la soltería era tenida por una desgracia, un castigo de Dios. Por ello, el hebreo

veterotestamental no tiene ni una sola palabra que signifique soltero, porque la idea era completamente inusitada. En la época postexílica se instaba formalmente a los padres para que casaran a sus hijos cuanto antes: a las chicas a los quince años y a los jóvenes a los dieciocho. Asimismo, se consideraba la esterilidad como un oprobio; de ahí que Lot entregara a sus propias hijas."[18]

El objetivo del casamiento (así se lo llama en la Biblia y no "matrimonio") era darle identidad y legitimidad a la descendencia. Ninguno de los elementos que normalmente consideramos en nuestra época (como, por ejemplo, el amor) tenía trascendencia alguna para el antiguo hebreo. Si existía bien, y si no, también.

Si en el hombre "la soltería era tenida por una desgracia, un castigo de Dios" imaginemos a una mujer soltera, ¡o peor aún, divorciada! Era como haber sido poseída por el mismísimo demonio.

Veamos seguidamente el contexto histórico de la mujer judía en la época de Jesús:

La mujer en los tiempos bíblicos

Mujer

La posición de la m. se pinta en la Biblia fundamentalmente en Gén 2,18 (<<*una ayuda que sea adecuada para el hombre*>>, es decir, que se le parezca esencialmente); su posición real se reproduce en Gén 3,16 (<<*el hombre reinará sobre tí*>>). Esta posición subordinada resulta de numerosas citas del AT, donde la m. realiza trabajos subordinados, se limitan sus derechos y es modesta su participación en el culto, y dígase lo mismo sobre los consejos de Pablo (ICor 11,3-5 14,34-36 Ef 5,22-23 1Tim 2,9-15 Tit 2,4s) y de Pedro (1Pe 3,1-6).[19]

---

[18] Karlheinz Deschner, *Historia sexual del cristianismo*, Yalde, 1993, ISBN 9788487705090. pág. 35.

Del Génesis a Pablo hay varios milenios de diferencia, lo que indica que la desfavorable posición social de la mujer fue prácticamente la misma durante larguísimos periodos que, al menos, abarcan toda la historia bíblica.

Más que la suavizada expresión de "trabajos subordinados" la situación socio-jurídica de la mujer en relación a su esposo era la de esclava:

"En el Antiguo Testamento, el nombre del marido, «ba 'al» le señala ya como propietario y señor de la mujer («b'eulah»). El Levítico equipara a la mujer con los animales domésticos y en tiempos de Jesús sigue estando a la misma altura que el niño y el siervo. Por cierto que todavía en el siglo XX se reza en la sinagoga: «Te doy las gracias, Señor, porque no me has hecho infiel, ni siervo (...), ni mujer».

En la misa judía, como más tarde en el catolicismo, la mujer fue rigurosamente postergada.

Se la excluyó de toda participación activa. Oración, lectura, predicación, eran tareas del hombre. Se le prohibió el estudio de la Torá pese a que éste se consideraba necesario para la salvación, y se la relegó en el templo hasta el vestíbulo. ¡Incluso los animales sacrificados debían ser de sexo masculino! Los judíos también sabían que Dios casi nunca habla con mujeres, que el primer pecado vino por una mujer y que todos tenemos que morir por su causa; y llegan al extremo de afirmar que «el defecto del hombre es mejor que la virtud de la mujer».

---

[19] *Diccionario de la Biblia de Jerusalén.* por Yamil Cáceres (Ya1000caceres@gmail.com) Creada/Modificada con [Made/Modified with] Biblos

También en la vida cotidiana la mujer fue desacreditada. Hablar con ella más de lo estrictamente necesario o dejarse guiar por su consejo estaba castigado con las penas del infierno; no se saludaba a las mujeres, ni se les permitía que saludasen a otras personas. Su vida valía menos; el nacimiento de un niño causaba regocijo, el de una niña se soportaba. El Antiguo Testamento ignora a las hijas en el tratamiento de la sucesión; hasta podían ser vendidas como esclavas (9)."[20]

Esta era la idea que se tenía, y el trato que recibía la mujer judía, ya fuera casada o soltera.

Siendo que en aquel tiempo el marido era el propietario de su mujer, va de suyo que podía deshacerse de ella como de un mueble o como de un siervo. Pero no a la inversa. El destino de la mujer en la antigüedad se limitaba a dos posibilidades:

    1.   Vivir como posesión-objeto de su padre.

    2.   Vivir como posesión-objeto de su marido.

El ideal era la número 2 por el tema de la descendencia, pero en propiedad, la situación personal de la mujer como tal no mejoraba con ninguna de las dos.

Fuera de estas dos posibilidades, sólo le quedaba la soltería, lo que -en los hechos- implicaba vivir de la prostitución (que en la Biblia se llama *fornicación*). Igual destino le correspondía a la mujer despedida por su marido mediante *libelo de repudio*, excepto que pudiera volver a casarse, cosa de por sí bastante **difícil** por haber perdido la virginidad que era tenida en alta estima por aquellos tiempos (y hasta no hace mucho tiempo atrás, ya en nuestra propia era). No era bien visto socialmente casarse con una mujer desvirgada, menos si tenía como antecedentes haber sido

---

[20] Deschner, K. *Historia sexual del cristianismo*, Ob. Cit. pág. 34 y 35

repudiada más de una vez. La legislación mosaica no permitía a la mujer repudiada por un esposo reconciliarse con él. Quien repudiara a su esposa no podía volver a tomarla como tal, salvo que el libelo de repudio no se hubiera otorgado. Pero una vez puesta *en su mano* la carta de repudio ya no había retorno. El ex-marido ya no podía arrepentirse de su decisión (fuera precipitada o no). Solo cabía a la repudiada un segundo o ulterior matrimonio con otro hombre, si es que podía contar con esa suerte, algo bastante improbable. Tampoco podía trabajar por su cuenta en ningún empleo honorable o decente. Estos estaban reservados solo a los varones.

Las mismas palabras utilizadas por el texto bíblico denotan la calidad de "objeto" que se le daba a la mujer. El hombre la *tomaba* como esposa. *Tomar* -en este contexto- era *adquirirla, comprarla*. El consentimiento de esta no contaba para nada. Claro que, algún marido podría consultarla informalmente sobre el mismo. Pero, si eventualmente la mujer no estaba de acuerdo con el matrimonio, su disenso era del todo irrelevante, y el marido podía desconocerlo.

Todo esto tornaba la situación de la mujer de entonces en casi desesperante como es muy fácil de advertir.

Conocedor de este panorama, fue por eso que Jesús contestó en aquel momento a sus interrogadores:

Mat 19:9 "Y yo os digo que cualquiera que se divorcie de su mujer, salvo por infidelidad, y se case con otra, comete adulterio."

Es decir, quien se divorcia de su mujer y se casa con la mujer del prójimo, excepto infidelidad.

El casamiento era cosa muy importante para la pareja, pero por motivos diametralmente opuestos, a saber:

1. Para el marido, porque le aseguraba una descendencia y continuidad legitima de la línea hereditaria paterna.

2. Para la mujer, porque le aseguraba casa, comida y vestido, todas cosas no fáciles de conseguir en la época si no eran provistas por un hombre, único que tena derecha a tales cosas.

La base del contrato matrimonial era esta. Adicionalmente -y como algo completamente secundario- podría aparecer que los cónyuges se amaran. Pero esta no era de ningún modo la esencia del matrimonio. Por eso era un *patrimonio*.

Veamos este tema del divorcio seguidamente:

Divorcio

Para comprender las notables diferencias entre el divorcio de nuestros días y lo que se entendía por tal en los tiempos bíblicos (lo que, por supuesto, incluía la época de Jesús) nos será útil examinar la siguiente definición de este último término que nos da un buen diccionario bíblico:

"Divorcio (heb. kertîthûth, "despido" [literalmente "un corte de separación"; del verbo Kârath, "cortar"]; gr. apostásion). Antes de la promulgación de la ley con respecto al divorcio, registrada en Deu 24:1-4, los israelitas, como el mundo antiguo en general, aparentemente se divorciaban de sus mujeres sin ninguna formalidad; por el simple acto de ordenarles que salieran de sus casas. Esto es lo que hizo Abrahán con Agar, con quien se había casado (Gen 16:3; 21:9-14). De acuerdo con la costumbre oriental, cada mujer estaba unida a un hombre, ya sea su padre o su esposo, y no estar unida a ninguno representaba una desgracia y significaba sufrir necesidad. Por ello, cuando un hombre despedía a su esposa la dejaba sin amparo, y debía arreglarse sola en una sociedad que no tenía lugar para ella, que no le tenía simpatía, y aun le era hostil. Con el fin de mejorar la suerte de la mujer divorciada, Dios misericordiosamente ordenó que se le diera un certificado que la identificara como una mujer divorciada. Con esto, podía legal y apropiadamente llegar a ser la esposa de otro hombre sin que sobre ella pesara ningún estigma. Jesús declaró que la provisión para el divorcio en el código mosaico fue introducido por la dureza del corazón de la gente, pero que originalmente "no fue así" (Mat 19:3-9; cf. 1Co 7:10, 11). Por ello, la ley de Deu 24:1-3 no tenía la intención de sancionar el divorcio libre; sencillamente ponía restricciones a una costumbre profundamente arraigada, para proteger a la mujer de un esposo caprichoso. Jesús reinterpretó el mandato acerca del divorcio afirmando que el hombre que daba el divorcio a su mujer por cualquier razón fuera de la infidelidad matrimonial cometía adulterio al casarse de nuevo (Mat 5:31, 32:19:3-9)."[21]

La situación descripta en esta cita no tiene punto de comparación con lo que sucede con el divorcio en la actualidad. La clave para comprender la diferencia es la evolución que ha experimentado la situación jurídico-social de la mujer desde aquellos lejanos tiempos hasta nuestra época.

Con todo, la definición deja varios aspectos importantes de lado como, por ejemplo, que la desgracia de la mujer {divorciada o no) consistía en que carecía de capacidad jurídica como para poder mantenerse sola, ya que no se le permitía trabajar si no era bajo la dependencia de otro hombre que, como bien señala la definición, normalmente era su padre, su esposo o en el peor de los casos -y de tenerlo- un hermano varón (no lo menciona la definición anterior, pero el estudio de la Biblia revela varios casos de hermanos a cargo de sus hermanas en ausencia de su padre). Si no era de este modo, la mujer no podía mantenerse por sí misma. De allí que, las viudas que no

---

[21] *Diccionario Bíblico AD.* Contiene más de 4,800 palabras, nombres propios sus usos (manejos). Facilitado por Ministerios Nación Santa. (www.nacionsanta.com)

volvían a contraer nupcias (situación que parecía bastante frecuente en tiempos bíblicos por la continua referencia que la Biblia hace de ellas) estuvieran consideradas como las más infortunadas de las mujeres, y fueran objeto de caridad. Como dijimos, la Biblia hace una constante alusión a ellas.

Todo parece indicar que el trato dado a la mujer de la época era inmisericorde al extremo. Literalmente era una "cosa" cuya única utilidad era procrear y trabajar, y estaba aceptado socialmente entonces que esta era y debía continuar siendo su destino.

El divorcio -como facultad exclusiva y excluyente del marido- debió haberse ejercido a niveles tan abusivos que fue Jesús el primero que llamó la atención sobre como se había desvirtuado la Ley de Moisés sobre este instituto.

Pero en épocas tan bárbaras y tan violentas como la de aquellos tiempos no es difícil imaginar que la mujer sufriera violencia física a manos de su marido en muchos casos. En tales casos el divorcio -si hubiera estado a su alcance pedirlo y aun exigirlo- hubiera sido una solución justa y un freno a sus padecimientos. No obstante, jurídicamente no tenía tal posibilidad. La ley no contemplaba el caso para el marido castigador o golpeador. La vida de la mujer no valía nada ¿Cuántos casos de femicidios ocurrirían diariamente en aquellos tiempos de barbarie y de guerras continuas? ¿Qué sucedía si un marido borracho o golpeador, al tiempo que castigaba cruelmente a su mujer se negaba a darle libelo de repudio? ¿Cuál sería su protección o amparo? Sencillamente ninguno. Presentar a Jesús como un antidivorcista o como el primero de ellos sería un gran error. El Salvador del mundo no podría desconocer que situaciones como la descripta serían frecuentes en su época. Y no es concebible que impidiera el divorcio en tales circunstancias.

Pero esta no es la cuestión que se le somete a

consideración de acuerdo al relato de los evangelistas. La consulta de los fariseos era sobre la facultad del hombre para despedir a su mujer, es decir, repudiarla. La cuestión de la culpabilidad del marido quedó sin ser abordada, o si se lo hizo los evangelistas no guardaron registro de ella. Y esta última posibilidad no es en modo alguno descabellada, porque es sabido que ningún evangelio recoge la totalidad de los actos y dichos de Jesús. Ellos se concentraron en lo que cada evangelista consideró lo más importante o esencial de la enseñanza del Divino Maestro. Incorporaron a sus evangelios lo que creyeron esencial y dejaron de lado o fuera de ellos lo que evaluaron como accesorio. Y bien pudo haber ocurrido que el tema de la culpabilidad del marido por los malos tratos físicos o psíquicos dados a la mujer no lo evaluaran como algo ni importante ni digno de consignar en sus evangelios. Lo cierto es que la cuestión no aparece allí. Pero eso no significa que Jesús no hubiera tratado el tema sin que -no obstante- quedara registro de sus dichos.

El divorcio judío consistía en lo que jurídicamente llamaríamos hoy en día, divorcio por culpa de la mujer. No existía otra causal de divorcio. En la legislación judía ella solamente podía ser la culpable del divorcio. Nunca el hombre. Y fue sobre esto que se le preguntó a Jesús, y sobre esto mismo sobre lo que El respondió. Es decir, el problema del divorcio en toda su dimensión real no fue tratado nunca en la Biblia, ni en el NT ni en el AT. Solo aspectos muy parciales y puntuales de toda su problemática encontramos en sus textos. Y todo eso (bastante poco en realidad) muy condicionado por los tiempos en que se narran.

Pero, si la intención de Nuestro Señor Jesucristo fue - en el tema- la protección de la mujer ¿puede concebirse que hubiera desconocido la situación de la mujer golpeada y castigada cruelmente por su esposo, y que se viera obligada a soportar ese maltrato por el solo hecho de que no estaba jurídicamente facultada para pedir el divorcio? ¿puede alguien creer en su sano juicio que Cristo impediría a la mujer separarse de un marido así, y que no quisiera el cambiar de actitud? Siendo Jesús Dios mismo y toda bondad, no podemos creer que hubiera aceptado ese destino para un matrimonio infeliz.

Si bien las normas jurídicas y sociales han evolucionado desde entonces, la psicología humana no parece haber cambiado mucho desde aquellas épocas hasta hoy. El contexto socioeconómico jurídico de aquel tiempo agravaría notablemente los problemas de convivencia en el caso de desarreglos psíquicos en la pareja o en alguno de los miembros de ella. Y nos resulta difícil creer que Nuestro Señor Jesucristo permaneciera indiferente ante situaciones extremas que hicieran insoportable la vida en común para cualquiera de los miembros de la pareja.

Una clave para una solución posible la encontramos en esta frase de Jesús:

"lo que Dios ha unido, ningún hombre lo separe"

Dado que Jesús alude solamente al hombre, no cabría descartar que, *a contrario sensu,* estuviera habilitando a la mujer a pedir el divorcio, y en el caso que esta no estuviere jurídicamente habilitada para hacerlo (como de hecho, no lo estaba) la sentencia estaría autorizando a la mujer a retirarse del hogar conyugal. No por cualquier motivo (como en el caso inverso) sino por razón de infidelidad. Esta interpretación de algo que no está expresado textualmente así en los evangelios es, sin embargo, más acorde con el mensaje total de Nuestro Señor Jesucristo, que incluye una prédica del amor, la tolerancia, el respeto, la paciencia, la caridad entre hermanos o, más ampliamente, entre prójimos.

Pero también podría suceder que con la palabra "hombre" Jesús se estuviera refiriendo al género humano en su totalidad, lo que incluiría a hombres y mujeres por igual, con lo cual la cuestión aquí planteada hallaría fácil y rápida solución, ya que, si este fuera el supuesto, implicaría que el matrimonio era indisoluble para ambos, excepto en caso de infidelidad de uno y otra (marido y mujer).

No obstante, esta interpretación escaparía un poco al contexto, porque la pregunta que se le plantea es si el hombre (marido) puede despedir a su mujer (repudiarla) y no a la inversa. Sin embargo, puede inferirse que Jesús -en su infinita sabiduría- utilizara la palabra "hombre" en sentido amplio y genérico de ambos sexos, en contraposición al significado estricto que le daban sus consultantes. A la luz de los restantes versículos que complementan el comentado, esta sería la interpretación más razonable. Volveremos sobre esta cuestión, páginas más adelante.

Otro buen ejemplo de la situación de la mujer en época bíblica la brinda el siguiente comentario a Deuteronomio 21:10-14:

"El casamiento con una mujer cautiva. Esta ley deriva de la ley relacionada con el trato de los enemigos derrotados en tierras foráneas (20:10-14, especialmente el v. 14). Un hombre podía tomar por esposa a una mujer cautiva después de haber observado ciertos rituales. El raparse el pelo, cortarse las uñas y el cambio de ropas son simbólicos de duelo por su padre y por su madre. Esto puede significar que ella sólo hacía duelo por haber sido removida de su familia y país. De esta manera, los rituales representan el dejar atrás a su antiguo país; una especie de transición al convertirse en una israelita.

Una vez que se habían completado los rituales, el matrimonio podía consumarse. Si por alguna razón el marido después decidía divorciarse de ella, debía ser tratada con todos los derechos de una esposa, no como una esclava, y llegaba a ser una persona libre. La palabra traducida deshonrado (v. 14) bien puede ser sólo otra manera de referirse al hecho que el matrimonio se había consumado; es decir, lo que le daba derecho a la libertad.[22]

Lo de los "derechos de una esposa" parece un comentario irónico del articulista, ya que una esposa israelita no tenía demasiados "derechos" que la diferenciaran de una esposa extranjera pero cautiva de un hombre israelita. En la práctica, estaban acostumbradamente equiparadas. Podría significar que la cautiva cambiaba de *status* al convertirse en esposa de su raptor. Del comentario también surge que al casarse con un israelita este solo acto representaba que ella también adquiría la nacionalidad de su nuevo marido. ¿significaría además que de estar previamente casada la extranjera, su anterior matrimonio quedaba automáticamente anulado? No lo sabemos a ciencia cierta, pero debería ser bastante probable. El "duelo" relatado antes no solo sería por su padre y por su madre, sino que no puede pensarse que no hubiera entre las raptadas mujeres previamente casadas, especialmente si eran bellas o las más bellas de entre ellas. El duelo habría de ser -en tales casos- por sus maridos, posiblemente caídos en batalla o reducidos a esclavos también. Por ello, es preferible la interpretación del comentarista cuando dice: Esto puede significar que ella sólo hacía duelo por haber sido removida de su familia y país, que es una fórmula más amplia y más factible.

Probablemente, al casarse con su raptor la cautiva adoptase no solo su nacionalidad, sino también debería estar sujeta a la Ley de Moisés como todo hebreo. Y en tal caso le

---

[22] *NUEVO COMENTARIO BÍBLICO SIGLO VEINTIUNO.* Editores de la edición en inglés D. A. Carson R. T. France J. A. Motyer G. J. Wenham Editores de la edición en español James Bartlev José Luis Martínez Rubén O. Zorzoli.

sería aplicable la ley del libelo de repudio, también establecido por Moisés (obedeciendo las órdenes de Dios).

Esto implica que Dios autorizaba nuevos matrimonios (poligamia incluida) y divorcios, y que hacía numerosas excepciones a sus propias reglas.

> **21. 10 - 14** Dios permitía a los israelitas tomar mujeres cautivas en ciudades distantes (20.13-15), pero debían abandonar el paganismo y aceptar el judaísmo antes de casarse (vv. 12, 13). No se explica la razón por la cual Dios permitía el divorcio si después la mujer no le agradaba al esposo (v. 14).[23]

De ningún modo era una *opción* o una facultad de la cautiva **abandonar el paganismo y aceptar el judaísmo antes de casarse**, sino que era una imposición del marido a la que sería su mujer y que esta, naturalmente, no podía rechazar. Tampoco era una obligación de aquel casarse con ella. El hombre era el único que tenía las más amplias opciones en materia de matrimonio, ya que -como explicamos en esta obra- conformaba en realidad un **patrimonio, su** patrimonio. La mujer era su posesión (se trate de la israelita o no) y el esposo tenía todos los derechos sobre ella, en tanto ella no poseía ninguno sobre él, ni sobre la relación misma que mantenía con quien era o seria su marido. En cuanto a la siguiente oración, si bien no se explica en estos versículos la razón por la cual Dios permitía el divorcio si después la mujer no le agradaba al esposo, si se explica en otros. En particular, en aquellos donde Dios instruye a Moisés para que instaure el libelo de repudio, como ya tuvimos ocasión de examinar anteriormente y volveremos a

---

[23] *COMENTARIO DE LA BIBLIA PLENITUD.* Biblia Plenitud. © Copyright © 1994 por Editorial Caribe. Usada con permiso. Derechos Reservados. Derechos Internacionales Registrados. Publicada por Editorial Caribe

ver más adelante.

La concesión que en esta perícopa se contiene respecto a la apropiación de mujeres cautivas parece una excepción a la ley tan reiterada de no tomar mujeres extranjeras como esposas. Ya hemos visto que — según las leyes de guerra de la época — las mujeres formaban parte del botín de guerra. En nuestro caso, la prisionera pasa de una nación a otra, muriendo a la que le dio el ser, por lo que deberá hacer duelo durante treinta días, despojándose de cuanto era signo de su antigua nacionalidad. Con esto comienza una vida nueva en la nación israelita. Caso de que el marido israelita la repudiara, la dejará libre, sin poder invocar sobre ella el derecho de guerra vendiéndola como esclava. Es esto una mitigación del derecho de guerra antiguo, conforme al espíritu humanitario del Deuteronomio.[24]

Pero lo cierto es que ningún comentarista bíblico explica el verdadero motivo de la excepción divina a la ley tan reiterada de no tomar mujeres extranjeras como esposas, cuestión que no nos corresponde examinar a nosotros, sino que debieron hacerlo ellos, pero no lo hacen. Lo cierto es que, como expresarnos antes, Dios permite numerosas excepciones en materia matrimonial, las que incluyen con quien casarse y con quien no, y, lo que de momento interesa a nuestro estudio, cuándo, cómo y con quien divorciarse. Lo constante en todas estas disposiciones es que es únicamente el hombre el titular de tales derechos y nunca la mujer.

La elección del novio y de la novia recaía sobre los padres de uno y de la otra (en rigor los padres -masculinos- y

---

[24] *Biblia Comentada* (7 Tomos). Autor(es): Profesores de la Universidad Pontificia, de la Facultad Teológica Dominicana de San Esteban y del Seminario diocesano de Salamanca. Editorial: Biblioteca de Autores Cristianos (B.A.C.) Edición: 2da. Edición (1975) Copyright: © 1975 B.A.C. Madrid, España

no las madres). No era asunto, generalmente, de los futuros esposos. Abundan los pasajes de la Biblia que así lo acreditan. Un ejemplo es el siguiente comentario de Génesis 24:1-67:

> **24.4** Abraham quería que Isaac se casara con alguien de la familia. Esto era aceptable en esos tiempos para evitar que se casaran con vecinos paganos. Por lo general, los padres escogían la esposa del hijo. Era una práctica común que una mujer se casara en los albores de su adolescencia, aunque Rebeca era probablemente mayor.[25]

Jacob se casó con sus dos primas, Lea y Raquel (hijas de su tío Labán) y tuvo varias concubinas. Jocabed se casó con su sobrino Amrán. Ambos fueron los padres de Moisés, Aaron y Miriam. Y así muchos casos más leemos en la Biblia. El matrimonio entre parientes era moneda corriente también, inclusive después de su prohibición. La poligamia era práctica aceptada, y no es posible hallar ni una sola referencia en la Biblia que estableciera su prohibición (pese a que no faltan quienes crean verla forzando al extremo los textos de ciertos versículos, pero lo concreto, e innegable, es que no la hay). Se la critica sólo cuando se la practica con mujeres paganas, como fue el caso de Salomón y en menor medida, de David.

No solo en tiempos de Abraham era así. Siguió siendo así hasta la época de San Pablo, que llegó a permitir el divorcio entre matrimonios cristianos y gentiles, agregando una nueva causal a la autorizada por Nuestro Señor

---

[25] *COMENTARIO DE LA BIBLIA DEL DIARIO VIVIR.* Biblia del Diario Vivir Copyright © 1997 por Editorial Caribe. Usada con permiso. Derechos Reservados. Derechos Internacionales Registrados. Publicada por Editorial Caribe

Jesucristo de infidelidad.

A continuación, transcribimos una serie de referencias bíblicas que ilustran con bastante aproximación que era lo que bíblicamente se entendía y como se concebía lo que hoy llamamos matrimonio y divorcio. Con todo, debemos precaver al lector sobre los títulos que preceden a cada versículo citado, ya que estos han sido rotulados por comentaristas bíblicos de nuestro siglo, lo que no siempre concuerda con el texto, y, sobre todo, el contexto de cada versículo en particular, lo que obliga a verificar cada versículo en cuestión para constatar su verdadera correspondencia con el rótulo con el cual los comentaristas lo han antecedido:

MATRIMONIO
Primer matrimonio, Gen 2:18-24
Demonios se casan con mujeres, Gen 6:1-4
Maridos sobrenaturales, Gen 6:4
Engaño en el estado marital, Gen 12:10-20 20.1-18; 26.7-11.
Abraham busca esposa para Isaac, Gen 24:1-58 25.19-20.
Novia consiente en casarse, Gen 24:58 1Samuel 25.19-43.
Matrimonio después de la muerte de Sara, Gen 25:1-2
Malas nueras, Gen 26:34-35
Matrimonio entre parientes, Gen 29:23-30 2Crónicas 11.18.
Deshonra de Dina, Gen 34:1-31
Responsabilidad después de relaciones ilícitas, Exo 22:16
Incesto y depravaciones sexuales, Lev 20:14-21
Reglas especiales para sacerdotes, Lev 21:1-15
Marido interviene en asuntos de la esposa, Núm. 30:10-15
Marido solamente entre la familia, Núm. 36:6
Esposa idólatra, Deu 13:6
Divorcio y segundas nupcias, Deu 24:1-5
Intervención paterna, Jdg 15:1-2
Hija dada en recompensa, Jos 15:16
Escasez de esposas, Jdg 21:14
Secuestro de esposas, Jdg 21:20-23
Bendición para nueras viudas, Rth 1:9

Rut y Booz, Rut 3.10-13.
Propiedad con esposa incluida, Rth 4:5
Esposa robada, 2Sa 3:12-16
Muchas esposas de David, 2Sa 5:13
Pelea marital, 2Sa 6:16-23
Hijo famoso de mal matrimonio, 2Sa 12:24-25
Fin de relaciones, 2Sa 20:3
Rey impotente, 1Ki 1:1-4
La solicitud de esposa le trajo desgracia, 1Ki 2:13-25
Alianza matrimonial, 1Ki 3:1
Matrimonio con incrédulos, 1Ki 11:1-8
Muchas mujeres como regalo, 2Ch 11:23
Matrimonio político, 2Ch 18:1 Dan 11:6
Matrimonios con impíos, Ezr 9:2
Lista de esposas extranjeras, Ezr 10:16-44
Rey y reina, Neh 2:6
Mujeres deben dar honra a sus maridos, Est 1:9-21
Pelea marital, Job 2:9-10
Unidad del matrimonio, Psa 34:3
No cantos nupciales, Psa 78:63
Lejos de la mujer extraña, Pro 2:16-17
Clave para matrimonio feliz, Pro 5:18-20
Furia del marido engañado, Pro 6:27-35
Bendición o maldición, Pro 12:4
El amor perdona las faltas, Pro 17:9
Benevolencia del Señor, Pro 18:22
Dios da mujer prudente, Pro 19:14
Mujer rencillosa, Pro 21:919; 25.24.
Dos mejores que uno, Ecc 4:9-12
Gozo de la vida juntos, Ecc 9:9
Hermana y esposa, Son 4:9 8.1.
Sabor de los labios, Son 4:11
Intimidad marital, Son 4:16
En la casa de la madre, Son 8:2
El amor verdadero no se apaga, Son 8:7
Joven esposa rechazada, Isa 54:6
Felizmente casada, Isa 62:4
Israel como novia de Dios, Jer 2:1-3
El gozo y la alegría terminan, Jer 7:34

Matrimonio y divorcio en los Santos Evangelios

Prohibido en tiempo de juicio, Jer 16:1-4
No tomar mujer, Jer 16:2
Matrimonio en tiempo de angustia, Jer 33:10-11
Rebeldía contra Dios, Jer 44:16-19
Esposa adúltera, Eze 16:32
Restricciones para sacerdotes, Eze 44:22
Matrimonio por conveniencia, Dan 11:6
Orden de casarse con mujer fornicaria, Hos 1:2-3
Esposa adúltera retorna, Hos 2:7
Matrimonio restaurado, Hos 2:16-20
Amar a mujer ajena, Hos 3:1
No pueden procrear, Hos 9:11
Termina matrimonio de la juventud, Joe 1:8
Acuerdo para andar juntos, Amo 3:3
Mujeres que dan órdenes a sus maridos, Amo 4:1
Casamiento con inconverso, Mal 2:11
Votos de juventud, Mal 2:15
Juicio para los adúlteros, Mal 3:5
Causa de divorcio, Mat 5:31-32
Jesús y el divorcio, Mat 19:3-9
Advertencia de la esposa de Pilato, Mat 27:19
No hay matrimonio en el cielo, Mar 12:18-25 1Co 7:39-40
No hay matrimonio en los cielos, Mar 12:18-27
Breve matrimonio de profetisa, Luk 2:36-37
Una mujer con muchos maridos, Joh 4:17-18
Relaciones entre marido y mujer, 1Co 7:1-7
Consejo para los solteros, 1Co 7:1-7
Continencia para orar, 1Co 7:5
Matrimonios de creyentes e incrédulos, 1Co 7:10-16
Aflicción en la carne, 1Co 7:25-28
Dar hija en matrimonio, 1Co 7:36-38
Esposa viaja con el marido, 1Co 9:5
Atavío de las mujeres, 1Co 11:2-16
Papel de esposas y esposos, Eph 5:21-33
Armonía en el matrimonio, Col 3:1819; 1Pedro 3.1-2,7.
Sin amor, 2Ti 3:3
Marido de una sola mujer, Tit 1:6
Responsabilidades domésticas, Tit 2:3-5
Matrimonio honroso, Heb 13:4

Almas adúlteras, Jam 4:4
Conducta conyugal, 1Pe 3:1-7
Amor sin temor, 1 Joh 4:18
Influencia de Jezabel en Tiatira, Rev 2:20
No matrimonios en Babilonia, Rev 18:23
Traje de novia, Rev 19:7-8 21.2.

Algunas referencias están incompletas. Ya que hay muchos versículos que tratan el mismo tema, pero no se incluyen, vaya a saber uno por qué. Es bastante posible que una de las razones sea deshonestidad intelectual del recopilador, olvido, o examen deficiente del texto bíblico. No podemos saberlo a ciencia cierta.

Resumiendo, el tema del divorcio

Con lo visto hasta aquí podemos intentar un resumen. El concepto de "divorcio" en los tiempos bíblicos poco y nada tiene que ver con lo que hoy llamamos *divorcio*. En la antigüedad -y en los pueblos orientales por, sobre todo- la mujer era jurídicamente una **cosa**. El matrimonio era un **contrato** en el sentido más comercial de la palabra. "Casarse" implicaba una **operación** de **compra y venta**: el marido (en rigor, su padre) compraba a su mujer, en tanto que el padre de esta o -en ausencia de este- el varón de mayor edad de la familia, era el que procedía a la venta de la novia a su futuro esposo (donde "esposo" equivalía a <u>dueño</u> exclusivo de la esposa). Los matrimonios -en la mayoría de los casos- eran decididos de antemano por los padres de los novios cuando estos eran muy <u>pequeños</u>. El consentimiento de la futura pareja era puramente formal, y se limitaba a prestar conformidad con la decisión paterna (de ambas familias) sin posibilidad alguna de modificarla o revertirla, salvo extrañas excepciones. El amor no contaba para nada. Con mucha suerte, podría llegar ocasionalmente con el tiempo, siendo -en rigor- **acostumbramiento** y **resignación** a una situación social dada y aceptada culturalmente en la época. Ante semejante panorama socio-jurídico del llamado "matrimonio" no es difícil imaginar la situación de **infelicidad** de la mayoría de las "uniones" de entonces.

Como se aclaró más arriba, el *matrimonio* no existía, sino lo único que había era el **patrimonio** del hombre. La mujer al casarse pasaba a formar parte del **patrimonio** de su marido., como cualquier bien más.

Hay que tener que presente que en la antigua cultura judía sólo el hombre podía pedir el divorcio y no la mujer, lo que dejaba a esta en clara desventaja social. Hasta los tiempos de Moisés, el hombre no estaba obligado a pedir el divorcio a nadie, sino que por sí mismo podía expulsar a su mujer de su casa. Moisés cambia esto e instituye el llamado *libelo de repudio*, por el cual el hombre debía dar una especie de "certificado" a su ex mujer como constancia de que había estado casada y que ya no lo estaba. La mujer no tenía derecho similar. Ni podía desconocer dicho libelo. Esto se mantuvo así en el tiempo hasta la llegada de Nuestro Señor Jesucristo, Quien vino a denunciar esta situación.

Pese a la condena de Jesús, la práctica del repudio continuó invariable en la legislación judía, ya que la ley de Moisés la autorizaba, y a ella continuaron apegándose los judíos. La enseñanza de Jesús sobre el repudio sólo fue aceptada por los cristianos. Quienes, no obstante, la malinterpretaron como explicamos en este texto.

Parece que la práctica de ese repudio era más frecuente entre los sacerdotes. Así lo atestigua Malaquías:

Malaquías 2:1-17

2. 10 - 16 La represible práctica de repudiar a las esposas israelitas (vv. 14-16) y casarse con mujeres que servían a deidades paganas constituía una violación del **pacto de**

nuestros padres (Deu 7:1-4). El temprano restablecimiento de esta ley en el período post-exílico (Esd 9; 10) fue seguido por un gradual retorno a esta abominable práctica, lo cual dio lugar a una descendencia con creencias religiosas sincréticas (Deu 5:15). **él aborrece el repudio:** Esto responde a la cuestión del porqué Dios no mirará **más a la ofrenda** de su pueblo, a pesar de sus **lágrimas. . . llanto y.... clamor** (Deu 5:13). El que los esposos repudiaran a sus mujeres representa una violación del pacto que Dios ha establecido con su pueblo, y ello lo desagrada. Esta confianza se remonta a Génesis 1 y 2, y sirve de base a las enseñanzas de Jesús en Mat 5:31-32; Mat 19:4-9.[26]

Es curioso que los comentaristas omitan el versículo que encabeza todo el capítulo y que reza así:

Mal 2:1 Y ahora, para vosotros, sacerdotes, es este mandamiento.

La omisión del versículo 2:1 -que no parece causal- es bastante sugestiva. Sirvió de punto de partida del mal entendido por el cual el divorcio se estaría prohibiendo a todos, cuando -en rigor- sólo Dios se los prohíbe a los sacerdotes. Por ende, es bastante factible que Nuestro Señor Jesucristo en Mat. 19:9 se estuviera refiriendo a Mal 2:1, es decir limitando su declaración a los sacerdotes. La clase sacerdotal era la casta más rica de la población (junto con la nobleza) y dado que contaban con mayor poder adquisitivo se hallaban en mejor situación para comprar (casarse con) nuevas ensopas.

El comentario más serio que hemos encontrado a este capítulo de Malaquías dice así:

El profeta recuerda a sus conciudadanos la vinculación que todos tienen con Dios, su *Padre,* y, por tanto, de unos con otros entre sí, corno hermanos (v. 10). Esta afirmación general es como una introducción a lo que sigue, pues,

---

[26] COMENTARIO DE LA BIBLIA PLENITUD. Biblia Plenitud. © Copyright © 1994 por Editorial Caribe. Usada con permiso. Derechos Reservados. Derechos Internacionales Registrados. Publicada por Editorial Caribe

supuesta ella, los crímenes que se fustigan adquieren mayor maldad a los ojos de Dios. Una de las abominaciones que el profeta denuncia es la práctica de muchos judíos de casarse con extranjeras. Sabemos por los libros de Esdras y Nehemías que éste fue un grave problema que obstaculizó mucho la formación de la nueva sociedad judía con plena conciencia religiosa[7].[27]

En realidad, como dijimos, no habla a sus "conciudadanos", sino a los **sacerdotes** *(Mal 2:1 Y ahora, para vosotros, sacerdotes, es este mandamiento)* o si se prefiriere, a sus *conciudadanos* **sacerdotes**. El problema consistía en dos:

    a. Casarse con **extranjeras**.

    b. Y que estas eran **idólatras**.

Como vemos, no estaban implicadas cuestiones referentes a la convivencia conyugal en sí misma. Sino motivos extraconyugales que impactaban directamente en lo político y religioso.

> **Esta conducta es una profanación de lo *consagrado a Yahvé*, que no es otra cosa que el *pueblo israelita* como pueblo elegido.** Por su vocación era algo aparte entre todos los pueblos, y por eso, al mezclarse con otros pueblos paganos, se profanaba y perdía su carácter de *santo*, o consagrado a Yahvé. El profeta lanza un duro anatema contra los que profanan el carácter santo de su pueblo: *Quiera Yahvé, a quien tal hace, privarle de defensor y testigo en las tiendas de Jacob* (v.12), e.d., sea excluido de todos los derechos civiles de la sociedad israelita. Es una verdadera excomunión, pues se le priva de la defensa jurídica. Pero, además, le desea que se le prive de sus derechos religiosos, de su derecho a ofrecer sacrificios: *Quiera privarle Yahvé. de que haga ofrenda de sacrificio a*

---

[27] Biblia Comentada (7 Tomos). Autor(es): Profesores de la Universidad Pontificia, de la Facultad Teológica Dominicana de San Esteban y del Seminario diocesano de Salamanca. Editorial: Biblioteca de Autores Cristianos (B.A.C.) Edición: 2da. Edición (1975) Copyright: © 1975 B.A.C. Madrid, España

Yahvé de los ejércitos.[28]

Claramente aparece implicado un problema de **identidad nacional y religiosa** (importante para la etapa de formación del pueblo de Dios) que rebasa lo estrictamente conyugal y privado, es decir lo que se refiere a las relaciones entre los cónyuges. La cuestión pasaba por otro lado: estaba en juego nada menos que el monoteísmo en un mundo por aquel entonces politeísta.

> El profeta lanza un segundo reproche contra sus contemporáneos. Estos creen que Dios es injusto al no aceptar las ofrendas que le presentan con lágrimas en el altar. La razón de ello es su perversa conducta, ya que con demasiada facilidad repudian a la *esposa de su juventud* (v.14). Con estas palabras parece aludir al hecho de que los judíos procuraban buscarse segundas esposas entre los extranjeros, dejando a la de su raza, que era su legítima esposa anterior.[29]

La expresión "esposa de su juventud" alude a la difundida practica hebrea de casar a los niños a corta edad mediante un pacto intrafamiliar. El repudio equivalía a violar aquella operación comercial entonces contraída por las familias de los novios. En rigor, una afrenta a la autoridad casi absoluta de los padres de los futuros esposos. nuevamente, no se implica cuestiones intraconyugales. "legitimo" en este contexto se consideraba el acuerdo intra-familiar aludido. Desde nuestra óptica occidental-moderna seria además de ilegitimo, notoriamente injusto. En el contexto histórico bíblico completamente legitima y justificable.

Todo parece indicar que es, en realidad, a este pasaje al que se refiere Nuestro Señor Jesucristo en Mat 19:9. Hay un fuerte paralelismo entre ambos pasajes, ya que el Señor condena al que repudia a su mujer y se casa con otra. La

---

[28] Biblia Comentada (7 Tomos) …ob. cit. Comentario al versículo

[29] Biblia Comentada (7 Tomos) …ob. cit. Comentario al versículo.

diferencia radicaría en que en el caso de Mat 19:9 ya no interesaría si la segunda esposa era o no extranjera. Tampoco Cristo es categórico en relación a la idolatría. Según San Pablo justificaría el divorcio. Pero recordemos que es preciso tener presente la diferencia entre el repudio judío y el divorcio moderno. O, en términos más amplios, el antiguo repudio oriental y el moderno divorcio occidental.

No obstante, un habitual y extendido mal entendido actual es el que sostiene que Nuestro Señor Jesucristo "deroga" en Mat 19:9 el divorcio. Pero -en su adecuado contexto- ningún pasaje del NT avala esta común interpretación. En tanto Moisés permitía el divorcio por cualquier motivo, Nuestro Señor Jesucristo lo limita a los casos de infidelidad:

> Mat 19:9 "Y yo os digo que cualquiera que se divorcie de su mujer, salvo por infidelidad, y se case con otra, comete adulterio."

Recordemos que en el lenguaje de la época el vocablo "divorcio" equivalía a **repudio** de la mujer y "casarse" -desde el punto de vista masculino- significaba **comprar** otra mujer. Del lado femenino "casarse" significa **venderse** a un hombre. Se trataba de una simple operación comercial.

Puede inferirse que muchos hombres transformaron el famoso libelo de repudio en un "certificado de venta", por el cual vendían a sus mujeres para poder comprar otras en su lugar. Una especie de "boleto de compraventa" o "certificado de propiedad". El certificado (libelo) acreditaría la legalidad y "limpieza" de la operación, y no daría lugar a posteriores malos entendidos y reclamos. Algo chocante para nuestros modernos oídos occidentales, pero de moneda corriente en épocas bíblicas.

Lo que Jesús trataba (Mat 19:9), era de cambiar este sentido esclavista que los judíos tenían del matrimonio.

Humanizarlo. Implicaba dejar de considerar a la mujer un simple objeto de transacción mercantil. Un intento revolucionario para su tiempo, e inaceptable para las tradiciones de entonces, dado que implicaba remover a la mujer de su condición de sierva exclusiva de su esposo y elevarla a su mismo nivel. Para una sociedad patriarcal y machista como la judía, algo muy duro y difícil de admitir. De hecho, no hay noticia que el régimen legal del repudio mosaico haya sufrido modificaciones, ni siquiera después de la enérgica exhortación del Señor en Mat 19:9. Los versículos siguientes parecen denotar que la práctica del repudio se había expendido más allá de la clase sacerdotal, quizás a ejemplo de esta.

Mat. 19:9 parece una clara derogación de Gén 3,16 (<<el hombre reinará sobre tí>>). Si bien puede argüirse que Mat. 19:9 no modifica la ley de Moisés, sino que la interpreta y la completamente, no puede decirse lo mismo de Gén. 3,16. Pero por el momento dejaremos el análisis de esta cuestión de lado.

Los discípulos atónitos ante lo que Cristo acaba de enseñar se dieron cuenta que ya no podrían divorciarse tan fácilmente de sus mujeres como antes de la enseñanza de Jesús, por lo que concluyen que "siendo así no conviene casarse" ya que luego no se podrán divorciar, salvo por causa de infidelidad y no por cualquier motivo como hasta ese momento y a lo que estaban mal acostumbrados.

El comentario también sugiere que los divorcios en esa época y lugar habrían de ser hartos frecuentes y numerosos. Inclusive se puede deducir que excesivos y hasta abusivos.

Que las reglas del divorcio aceptadas por la larga tradición judía fueran cambiadas por Jesucristo significaba un duro golpe en una sociedad donde las **tradiciones** antiguas tenían un valor excluyente de cualquier innovación.

Jesús admite y expresa que no todos podían aceptar esta nueva regla, sino sólo quienes tuvieran la suficiente inteligencia como para comprenderla.

En Mat 19:12: Jesús desarrolla sobre el comentario de sus discípulos acerca de que "siendo así la situación del hombre con su mujer no convenía casarse".

La palabra "eunucos"[30] usada por Jesús en ese versículo alude al hecho de que los judíos sólo aceptaban el **¡Error! Referencia de hipervínculo no válida.** legitimo dentro del matrimonio y no fuera del mismo, dado que el matrimonio era el que legitimaba a los hijos. Y, en rigor, la única finalidad que para los judíos tenía el matrimonio era el de otorgar descendencia legitima al padre. Para que los hijos fueran propiedad del padre era necesario que la madre fuera previamente de propiedad del marido. Y el matrimonio era un contrato de propiedad familiar de ese tipo. Digamos que el típico contrato de propiedad familiar. El marido era **literalmente** el **dueño** de su esposa y dueño de los hijos que esta le daba (a él) también en propiedad privada. Por ello, en realidad, la relación entre el esposo, esposa e hijos era de carácter **patrimonial** y no *matrimonial*. Ya que mujer e hijos eran posesión patrimonial del marido y padre. No existía la *familia* tal y como la entendemos hoy en día.

De cualquier manera, todos los versículos sobre el tema y su contexto llevan a la lógica conclusión de que Cristo no impide el divorcio, sino que lo restringe, al autorizarlo únicamente en caso de infidelidad de la mujer. Dado que las relaciones sexuales legitimas sólo estaban admitidas dentro del matrimonio y no fuera de él, el hecho de no casarse (para eludir quedar sujeto a aquella restricción)

30

[30] Seguramente estamos frente a una figura hiperbólica, frecuente en la Biblia.

ponía a los solteros (o ya anteriormente divorciados) en una situación similar a la de los eunucos. Por ello, el Señor utilizó esta comparación metafórica que era bien grafica para lo que quería decir. Creemos que con únicos fines ilustrativos. No les estaba pidiendo literalmente que se castren como interpretan muchos.

Dice -no obstante- Karlheinz Deschner:

"Una misteriosa sentencia bíblica reza: "Hay eunucos que ya nacieron así del seno de su madre. Y hay eunucos que fueron hechos eunucos por mano humana. Y hay eunucos que se hicieron a sí mismos eunucos por el Reino de los Cielos. El que pueda entender que entienda." Pero este pasaje, que llevó a ciertos cristianos nada menos que a la castración (infra), sólo aparece en San Mateo. Falta en todos los demás Evangelios; supuestamente, porque habría chocado a "los oídos de los gentiles" pero probablemente porque Jesús no lo dijo nunca, porque es una interpolación de Mateo. En tiempo de Pablo apenas era conocido. De lo contrario, ¿cómo habría podido ignorarlo el difamador de las mujeres y el matrimonio? ¿Cómo nos lo hubiera hurtado en el capítulo 7 de su primera Carta a los Corintios? ¿Acaso no admitió expresamente que no había ninguna palabra del Señor sobre la virginidad? Y, cosa notable, que Jesús no habla de los solteros o de los célibes ("agamoi"), sino de los castrados, o sea, de quienes estaban incapacitados para el matrimonio ("eunuchoi"). Ciertamente, el pasaje es difícil y admite varias interpretaciones. Pero lo que resulta incontestable es que en él no se determina concretamente a qué círculo de eunucos se refiere, por lo que la frase no puede servir de base a un celibato generalizado. Por lo demás, sólo excepcionalmente fue interpretada en ese sentido por los papas o por los sínodos." (Karlheinz Deschner. Historia sexual del cristianismo).

Nosotros ya hemos dado nuestra interpretación del texto de Mateo. Y creemos que Jesús no se refería a la *virginidad*, sino a la idea de la conservación del matrimonio con miras a la protección de los más débiles de esa relación: la madre y los hijos, que en aquel tiempo no gozaban de derecho alguno. Recordemos que la única finalidad del matrimonio judío era la procreación. Y es verdad que Jesús no convalidó a esta como finalidad matrimonial.

La referencia a los eunucos era por la fuerte relación que hacían los judíos entre el sexo (con fines exclusivamente reproductivos) y el matrimonio, como única condición dentro de la cual aceptaban las relaciones sexuales "legitimas", necesarias -en realidad- para lo que más les importaba, que era engendrar hijos para dárselos al marido (padre) en propiedad. Estos eran fundamentales para apuntalar el nivel económico de la familia, ya que serían la mano de obra del futuro de ella, y que contribuirían a su prosperidad material, la que tan importante era para el judaísmo.

La enseñanza de Jesús (implicada en su contexto) es que, antes que casarse (comprarse una esposa en la mentalidad de sus oyentes) con la idea de divorciarse (repudiarla) era preferible no casarse. Confirmando así el comentario de sus discípulos. Pero no casarse —creían ellos- les impedía la relación sexual y con ello procrear. O sea, incumplir con la **única** finalidad que los judíos entendían tener el matrimonio. Opinamos que Jesús conocía y tenía en mente las implicancias económicas negativas del divorcio sobre todo para la mujer, y que -entre otras cosas- quería evitar. No era necesario que las hiciera explícitas, porque probablemente también eran conocidas por sus interlocutores. La diferencia consistía en que a estos no les importaban en absoluto tales consecuencias.

Para los judíos (y hoy en día para el común de la gente también) el matrimonio sólo tenía por función la reproducción de la especie. La mujer era -en ese tiempo- un mero instrumento reproductivo para que el hombre tuviera hijos (que serían luego propiedad exclusiva del esposo) ...y punto. En aquella cultura, era la mujer la que "le daba hijos" al marido, en un claro sentido no sólo literal sino **jurídico,** de **propiedad** del esposo y no de la esposa. Es significativo que Nuestro Señor Jesucristo no toque el tema de los hijos en relación ni al matrimonio ni al divorcio. Su preocupación consistía en dignificar la condición femenina de la esposa, otorgándole un status similar al del esposo. Pero puede inferirse que tenía en mente -como no podía ser de otra manera- los hijos de la pareja. Ya no como exclusivos del padre (como aceptaba la cultura judía) sino como de ambos, del padre y madre. Y que le inquietara el desamparo económico al que se verían expuestos eventualmente en caso de que su madre fuera repudiada juntamente con ellos.

El adulterio judío.

El *adulterio* -para los judíos- implicaba entonces una grave violación por parte de la mujer al **derecho de propiedad** que el esposo tenía sobre ella y también sobre sus hijos. Por eso, lo castigaban muy severamente con la lapidación. Porque *adulteraba* la estirpe, linaje o legitimidad de la prole, propiedad exclusiva y excluyente del esposo, amo y señor absoluto de **su** mujer. No estaban en juego para nada valores afectivos, sino patrimoniales y de propiedad del marido, además del buen nombre y honor del jefe de familia, cuya honra y fama quedaban gravemente mancilladas por la esposa infiel. Por eso, consideraban al adulterio desde un punto de vista exclusivamente sexual (como también hoy en día, no sólo judíos sino también cristianos).

Cristo da otro enfoque sobre el tema, y pone el acento en la dignidad de la mujer como ser humano, y en cuanto a los patrimoniales, al restringir el divorcio, da derechos a la mujer que la esposa -hasta ese momento- no tenía. Ya que el divorcio la ponía en virtual estado de abandono individual, económico y social.

Nótese que Jesús en ningún momento hace en estos temas referencia al acto sexual, sino a dos acciones: el divorcio (repudio) de una mujer para casarse (comprarse) una segunda. Y dice que estos dos actos constituyen adulterio. Se prescinde del acto sexual. Despoja a la sexualidad de la excesiva importancia que le daban los judíos de su tempo, colocándola en plano ulterior e inferior, e incluso parece que ignorándola por completo. En contraste, para la cultura judía antigua, el acto sexual era un **acto de poder y de imposición** del hombre **sobre** la mujer. Signo de posesión y de dominación. De allí que, a la palabra **someter** se le otorguen connotaciones exclusivamente sexuales. Que ese acto lo llevara otro, no legitimado por el matrimonio (es decir: no dueño de la mujer), era una violación al derecho de propiedad del esposo (el verdadero dueño). La mujer no contaba para nada en el asunto, excepto para el castigo, del cual era objeto sólo ella.

Esta nos parece la interpretación más razonable de todas la que se han dado.

La infidelidad

La *infidelidad* —que Nuestro Señor Jesucristo acepta como causal de legítimo divorcio en Mat. 19:9- no necesariamente se refiere a lo sexual, sino que es un concepto más amplio y no tan **materialista**.

Dice Deschner:

"El ascetismo cristiano no tiene en Jesús ningún apoyo. Jesús representa el celibato, la discriminación femenina y matrimonial, los ayunos y otras prácticas penitenciales en tan escasa medida como el militarismo o la explotación. Nunca se revolvió contra la libido como tal, nunca consideró lo sexual, per se, como contrario a Dios. La continencia tampoco desempeña ningún papel en el substrato tradicional común anterior a los cuatro Evangelios. No cuesta mucho imaginar con qué radicalidad habría condenado Jesús el mundo de los instintos si el asunto le hubiera importado. En cambio, solía relacionarse incluso con pecadores y prostitutas. Y las leyendas de su nacimiento virginal —que se encuentran sólo en los Evangelios más recientes y siguen el modelo de los hijos de dioses, nacidos exactamente de la misma manera— tampoco incluyen ninguna clase de comentario ascético (1)."[31]

Todo esto es muy lógico, desde que el sexo es una creación divina y Dios hizo todo bien y su obra es buena.

Y *llamó Dios a lo seco tierra, y al conjunto de las aguas llamó mares. Y vio Dios que era bueno. (Gén 1:10) Y produjo la tierra vegetación: hierbas que dan semilla según su género, y árboles que dan fruto con su semilla en él, según su género. Y vio Dios que era bueno. (Gén 1:12) y para dominar en el día y en la noche, y para separar la luz de las tinieblas. Y vio Dios que era bueno. (Gén 1:18) Y creó Dios los grandes monstruos marinos y todo ser viviente que se mueve,*

31

[31] Karlheinz Deschner, *Historia sexual del cristianismo*, YALDE, 1993, ISBN 9788487705090 pág. 42.

de los cuales están llenas las aguas según su género, y toda ave según su género. Y vio Dios que era bueno. (Gén 1:21) E hizo Dios las bestias de la tierra según su género, y el ganado según su género, y todo lo que se arrastra sobre la tierra según su género. Y vio Dios que era bueno. (Gén 1:25) Y vio Dios todo lo que había hecho, y he aquí que era bueno en gran manera. Y fue la tarde y fue la mañana: el sexto día. (Gén 1:31) Y el SEÑOR Dios hizo brotar de la tierra todo árbol agradable a la vista y bueno para comer; asimismo, en medio del huerto, el árbol de la vida y el árbol del conocimiento del bien y del mal. (Gén 2:9) ¶ Y el SEÑOR Dios dijo: No es bueno que el hombre esté sólo; le haré una ayuda idónea. (Gén 2:18)

En definitiva, el género humano, con sus respectivas funciones sexuales y órganos pertinentes para cumplirlas como tal, fueron obras de Dios. Y Dios vio que todo ello era bueno. Ni en Dios ni en su Santo Hijo Nuestro Señor Jesucristo hay asiento alguno para criticar lo sexual y las relaciones que sobre su base se establecen. Menos para condenarlo.

En este marco, y volviendo a nuestro tema, recordemos que la infidelidad no sólo comprende a la sexual. Es más, ni siquiera lexicográficamente la palabra tiene connotaciones sexuales como se le da vulgarmente hoy. Veamos esto. Según el diccionario:

fidelidad.
(Del lat. *fidelĭtas, -ātis*).
1. f. Lealtad, observancia de la fe que alguien debe a otra persona.
2. f. Puntualidad, exactitud en la ejecución de algo

En tanto que:

fiel.

(Del lat. *fidēlis*).

1. adj. Que guarda fe, o es constante en sus afectos, en el cumplimiento de sus obligaciones y no defrauda la confianza depositada en él.

2. adj. Exacto, conforme a la verdad. *Fiel traslado. Memoria fiel.*

3. adj. Que tiene en sí las condiciones y circunstancias que pide el uso a que se destina. *Reloj fiel.*

4. adj. por antonom. Cristiano que acata las normas de la Iglesia. U. t. c. s.

5. adj. Creyente de otras religiones.

Esa lealtad o fe no sólo es ni debe ser la sexual, sino de todo orden. Puede como dijimos, incluir o excluir la sexual.

Especialmente -en sentido amplio- lo es quien "es constante en sus afectos, en el cumplimiento de sus obligaciones y no defrauda la confianza depositada en él."

Pero **no necesariamente** esos afectos, obligaciones y confianza deben ser <u>sexuales</u>, como de ordinario se lo interpreta. Pueden serlo o no. De hecho, he conocido parejas que se dispensan de la llamada "fidelidad sexual" y se habilitan, ya sea mutua o unilateralmente, a tener relaciones sexuales con terceras personas. En tanto, se guardan fidelidad reciproca en otros aspectos de la vida en común, para ellos (en sus personales escalas de valores) muy por encima del simple contacto físico, como -por ejemplo- la amistad, la simpatía, la paciencia, el buen humor, el diálogo, la contención, etc. o, sencillamente, la sola presencia física, aunque sin contacto físico directo, excepto el visual. Quizás, la más importante es su fidelidad respecto a su rol de padres, la mayoría de las veces implícita y no explícita. Son fieles en el compromiso de educar mutuamente a sus hijos y darles lo mejor.

Aunque también se dé casos en que el acuerdo de fidelidad es de orden material, pero en un sentido diferente: monetario, económico, crematístico. Para muchísimos matrimonios y/o parejas estos valores son de una escala mucho más alta que meramente el sexo. Numerosos son los matrimonios donde lo económico está muy por encima de lo sexual, y ponen la fidelidad económica por sobre la sexual. Esto es válido no sólo en matrimonios adinerados sino en los de escasos recursos. Aunque en tiempos bíblicos la fidelidad girara casi exclusivamente en torno a lo sexual (por eso, como veremos, algunas traducciones leen *fornicación* donde dice *infidelidad*) el campo de la fidelidad e infidelidad era mucho más amplio y vasto que aquello.

3. Matrimonio y divorcio cristianos. Caracteres.

Mat 19:6 Por consiguiente, ya no son dos, sino una sola carne. Por tanto, lo que Dios ha unido, ningún hombre lo separe.

Como vimos antes, en versículos posteriores se establecen excepciones a esta regla. Lo que Dios ha unido sólo Dios lo desune. Es Su potestad y es Su derecho. Dios es el que casa y Dios es el que divorcia, no el hombre (incluso en el supuesto de infidelidad, como ya expusimos). Pero aun en caso de infidelidad (no perdonada por el cónyuge inocente) es Dios el que disuelve el vínculo y no el hombre. La separación física es solamente mera consecuencia de un vínculo disuelto previamente por Dios y no por el hombre. No se impide que Dios desuna lo que antes unió. Simplemente no se lo menciona por ser algo obvio, propio de la omnipotencia divina que ni siquiera hace falta aclarar.

Este pasaje se refiere claramente –a nuestro entender– al matrimonio religioso y no al legal. Los fariseos plantean al Salvador una cuestión legal. Pero el Señor les responde con otra cuestión, pero de naturaleza teológica. Es como decirles que para Dios el matrimonio era otra cosa diferente a lo que ellos concebían como tal. Y efectivamente lo era y lo es. Implica también la potencialidad del hombre de separar lo unido por Dios, lo que aquí se prohíbe expresamente.

No obstante, hay que hacer notar lo siguiente: aquí la palabra "hombre" hace alusión al marido (que pretende divorciarse) y **no a la mujer**. Siguiendo el contexto, se alude al marido que hasta ese momento daba "carta de repudio", y que a partir de esta sentencia de Jesús ya no podrá hacerlo "por cualquier motivo", sino sólo por causa de *infidelidad* o de mutuo consentimiento con la esposa (lo que hoy se conoce como divorcio de mutuo acuerdo o por mutuo consentimiento, o no controvertido). E incluye –entendemos- también a todo otro hombre, envolviendo al sacerdote, rabino, pastor, celebrante civil o religioso de cualquier confesión, y demás terceros varones. Ni el propio marido ni ninguno de estos últimos puede desunir lo unido por Dios. Sólo Dios puede, porque para El todo es **¡Error! Referencia de hipervínculo no válida.**. (Mat. 19:26)

Nuestro Señor Jesucristo y el matrimonio

Nuestro Señor Jesucristo no se refirió directamente al matrimonio, sino que lo hizo indirectamente, y sólo a petición de un grupo de fariseos que le tocaron el tema, no con duda genuina, sino que sólo como provocación. Tampoco estos fariseos le consultaron sobre el matrimonio en sí mismo, sino sobre el divorcio. La respuesta de Jesús fue -ergo- sobre el divorcio, sin entrar en análisis sobre el matrimonio como tal. Pero, como hemos expuesto, el matrimonio tal como lo conocemos hoy en día era desconocido en tiempos bíblicos.

Pese a esto -que es lo que surge de los cuatro Evangelios por igual- toda una pléyade de comentaristas religiosos y no religiosos se han lanzado a decir lo que Jesús no dijo y -lo que a nuestro parecer es mucho peor- a pretender hacerle decir a Nuestro Señor Jesucristo lo que en ningún momento expresó.

En las páginas siguientes examinaremos las afirmaciones textuales de Jesús sobre el tema y derivaremos las consecuencias lógicas de sus palabras, enmarcándolas en el contexto histórico-sociopolítico en el que las pronunció.

Pasemos, entonces, a ver seguidamente los aspectos del tema en el Texto Sagrado.

Cristo redefine el concepto de adulterio

En <u>Mat</u> 19:9 Jesús **define** (o redefine, mejor dicho) el adulterio que dice consiste concretamente en dos actos sucesivos:

1. Divorciarse de una mujer.
2. Casarse con otra.

Si no se dan estos dos requisitos no existe adulterio alguno. Esta redefinición cristiana precisa y supera la judía del adulterio.

El primer requisito implicaba que debería tratarse de un hombre casado. O sea que, se excluía a los solteros. La mujer también debía estar casada lo que se desprende de los siguientes pasajes: Mateo 5:27; Exo 20:14; Lev 20:10; Deu 5:18, Deu 22:22-24; Pro 6:32

Lo que implica que el sexo entre un hombre soltero y una mujer soltera no se consideraba adulterio conforme a la antigua ley judía. Pero el Señor no se refiere al acto sexual, sino al divorcio y posterior matrimonio (hemos de entender 2º matrimonio y ulteriores) del ex-marido.

La aclaración de Nuestro Señor Jesucristo "cualquiera que se divorcie de su mujer" indica a las claras que para que se configure adulterio se necesitan pues —en principio- un hombre casado y una mujer casada con personas distintas, sin esta doble condición no existe adulterio.

De esta manera, un hombre casado que (sin divorciarse de su esposa) se relacione con una mujer soltera no constituiría adulterio. Y el casamiento del que se habla era el casamiento conforme a la ley judía.

> Mat 19:9 "Y yo os digo que cualquiera que se divorcie de su mujer, salvo por infidelidad, y se case con otra, comete adulterio."

La "otra" (para que se cumpliera la sentencia de Jesús) también debía ser casada (Lev 20:10; Deu 22:22). Cuestión difícil, porque la mujer –recordemos- era posesión de su marido en la época. Lo que implicaba que para poder casarse con otro hombre debía ser repudiada antes por su primer esposo, o bien huir de su casa, ambas situaciones sociales (y legales) muy complicadas para la mujer de la época. Como vemos, era bastante difícil que el adulterio llegara a materializarse. Pero, por implicancia del contexto, quien se divorciare de su mujer para casarse con otra mujer, pero soltera tampoco configuraría adulterio. Menos aún si el hombre contrajera segundas nupcias sin disolver al vínculo anterior. Es decir, sumar un nuevo matrimonio a otro preexistente. La poligamia no luce prohibida en la Biblia, aunque parece que -en igual o mayor medida- se practicaba la monogamia, probablemente por razones más de orden económico que de otro.

Pero Cristo hace una importantísima excepción a todo lo que dice. Y es que hubiera existido infidelidad previa. De haberla, el divorcio era válido y por ende el posterior matrimonio con otra mujer (o de la mujer con otro hombre) no implicaba adulterio alguno.

El requisito n° 2 implica un nuevo matrimonio, es decir un segundo o ulterior matrimonio con otra mujer.

Ergo, y conforme a esta interpretación, la infidelidad excluye al adulterio. Dado que no se especifica a la infidelidad de quién se refiere Cristo, entendemos que es a la de ambos cónyuges, lo que no significa que ambos tuvieran que haber sido infieles simultáneamente, ni recíprocamente, ni siquiera sucesivamente. Basta la infidelidad unilateral de cualquiera de ellos para que se habilite el divorcio. Para los judíos, en cambio, la infidelidad sólo podía ser femenina, no masculina. Es indudable que Cristo se refiere también a ella en este pasaje. Pero dado que **cambia** el concepto de adulterio –a nuestro modo de ver- creemos que también amplia la justificación de infidelidad como causal de divorcio hacia el hombre tanto como hacia la mujer. Esto -no obstante- queda dentro del terreno de una mera hipótesis. Está clara -en cambio- la referencia a la infidelidad femenina.

Entonces, interpretando todo lo hasta aquí dicho: Si hubo <u>infidelidad,</u> no hay adulterio (ni en 1 ni en 2). La infidelidad legitima 1 y 2. Es decir, la infidelidad habilita el divorcio y excluye el adulterio. Sin infidelidad no puede haber divorcio humano. El adulterio se configura cuando SIN infidelidad hay divorcio (repudio).

Pero puede haber casos (y de hecho los hay) que aun mediando infidelidad y **siendo conocida por ambos cónyuges,** no quieran ninguno de ellos divorciarse. Pueden optar por tolerar esa infidelidad, o incluso, disculparla. ¿Estarían -desde el punto de vista cristiano- habilitados para divorciarse, pero no optar por esta solución?

Creemos que aquí hay que hacer varias distinciones importantes:

1. Cuando la infidelidad es **perdonada**, deja de ser infidelidad. Ergo, no hay causal de divorcio.
1. En cambio, si la infidelidad es **tolerada**, (aunque no perdonada) si, es causal de divorcio, y aunque no se separen, el vínculo matrimonial ya no existe. Por más que convivan bajo el mismo techo lo harán, pero no en carácter de matrimonio. En este caso, el vínculo matrimonial se transmuta en otro (pareja, novios, amigos, compañeros, amantes, etc.) pero no matrimonio formal.
2. Pero ¿qué pasa cuando uno o ambos son infieles, pero **no se lo confiesan** mutuamente? En este tercer supuesto nos resulta claro que Dios disuelve el vínculo, ergo ya no hay más matrimonio, sino sólo

una apariencia externa de tal. Porque -como dijo Nuestro Señor Jesucristo- el matrimonio subsiste siempre, excepto por infidelidad. Ergo, Dios desune aquí lo que había antes unido.

El mandamiento va dirigido al hombre exclusivamente, pero por razones históricas, porque sólo el hombre estaba legalmente facultado para divorciarse, y le bastaba simplemente expedir *libelo de repudio* para ello. La mujer no tenía similar derecho en aquel tiempo.

"sino una sola carne":

Evidentemente, se trata de una **metáfora**, ya que es física y materialmente imposible que dos cuerpos distintos y separados entre sí, sean -al mismo tiempo y durante todo el tiempo- "una sola carne". El significado ha de ser metafórico y deberá leerse así: "sino (como) una sola carne" es decir, Cristo está estableciendo una comparación a modo de ilustración, para su siempre ignorante auditorio. Creemos que aquí Nuestro Señor Jesucristo se refiere al matrimonio teológico y no al legal, es decir, la unión efectuada por Dios, que sólo Dios puede disolver o mantener, y no el hombre.

Para esta enigmática frase hay varias interpretaciones. Veámoslas:

1. Posiblemente se ha de referir a la creación de un compromiso de unidad, compañerismo y ayuda mutua entre los esposos, en tanto el vínculo dure. Indicaría un grado de unión muy fuerte, persistente. No unión física estrictamente (proximidad física sería mejor decir) sino unión de objetivos, de fines comunes y propósitos. Tal como vimos antes, el matrimonio judío ni por asomo tenía estas características.

2. Enfatiza la relación de **dominio** que el hombre tenía como **dueño** sobre su mujer, tan estrecha

que solamente podría ser disuelta por *infidelidad* y no *por cualquier motivo* como hasta ese momento.

3. Simboliza el acto sexual (ver Karlheinz Deschner).

4. Se alude simplemente a una relación especial de **parentesco** y nada más que a eso. Ver **¡Error! Referencia de hipervínculo no válida.**

No es difícil derivar de que antes de Jesús el amor no era necesariamente debido por el esposo hacia la esposa. Pero, si parece que se esperaba de ella hacia él. Cristo, Dios del amor, impone esa exigencia en el hombre. Con Cristo la mujer deja de ser esclava (que lo era realmente) y pasa a ser esposa en el sentido actual del término. Desde lo legal –querido o no por el Salvador- sus palabras parecen ser la imagen de lo que posteriormente se llamaría muy acertadamente *sociedad conyugal*.

El Comentario Bíblico del *Diario Vivir* dice al respecto:

"10.6, 9 Las mujeres se trataban como objetos. El matrimonio y el divorcio se consideraban como una transacción similar a comprar o vender tierra. Pero Jesús condenó esta práctica y aclaró la intención original de Dios: que el matrimonio produjera unidad (Gen 2:24). Jesús dignificó el ideal de Dios en cuanto al matrimonio y dijo a sus seguidores que vivieran de acuerdo con él."

La última frase no es del todo exacta, porque Jesús no estaba obligando a todos a casarse. En realidad, lo que dignificó Cristo fue más a la mujer que al matrimonio en sí. O, mejor dicho, al rol de la mujer dentro del matrimonio, o más precisamente si se quiere: elevó la dignidad de la mujer dentro del matrimonio judío.

Hoy en día la situación es bastante diferente a la de aquel tiempo. La mujer dejó de ser una simple "cosa" y tiene iguales derechos a los del hombre. Y en algunos casos, más derechos que este. Pero en tiempos de Jesús la cosa era tremendamente disímil a la de hoy.

Al anterior respecto, recordemos, el divorcio tiene dos sentidos o significados: el divorcio humano y el divino.

No es como se cree comúnmente que Nuestro Señor Jesucristo -o Dios mismo- "prohíban" el divorcio, sino que el divorcio es algo que se reserva a la potestad de Dios y se quita de la órbita humana. Por eso, en tanto los fariseos le presentan a Cristo una controversia legal, el Señor -al responder- les cambia el enfoque hacia una cuestión teológica, que no tiene que ver con la *indisolubilidad* del matrimonio como se dice, sino con el hecho de que la unión y divorcio de los esposos es una cuestión que queda por entero reservada a Dios y a nadie más que a Él. Ergo, excluida por completo de la esfera humana. La excepción de infidelidad que analizamos antes, es un asunto también reservado al juicio de Dios y no del hombre (sea este el propio marido, sacerdote, pastor, rabino o como se le llame en otras congregaciones)

El divorcio divino no requiere intervención humana de ninguna índole para concretarse.

Cuando dos personas no dudan en su corazón que desean unirse, esa unión ha sido impulsada, dirigida y concretada por Dios a ello se referiría nuestro Maestro Jesús cuando dijo "lo que Dios ha unido, ningún hombre lo separe". El sentimiento ha de más que mutuo sino triple (hombre-mujer-Dios). Si esta triplicidad no se da allí Dios nada ha unido. Será simple unión humana, pero no unión divina, no unión matrimonial, en suma. Será un no-matrimonio.

"lo que Dios ha unido, ningún hombre lo separe"

Lo primero que hay que notar aquí, es que El Salvador no alude a ningún tipo de ceremonia ni menciona al celebrante de la misma como el *factótum* que consuma la unión. De donde debemos derivar que no se refiere a un rito humano. El verdadero y único celebrante de la boda seria exclusivamente Dios y ningún hombre (llámesele sacerdote, rabino, pastor, etc.)

Esto es así, porque bastaría para declarar "inexistente" el matrimonio -si la conclusión fuera la contraria a la del párrafo anterior- que un sacerdote (o cualquier celebrante de cualquier confesión) no quisiera (por el motivo que fuere) casar a una pareja (que Dios **ya ha unido).** Obviamente, esa conclusión contraria salta a la vista como absurda e inaceptable, porque estaría poniendo al hombre (sacerdote, pastor, rabino, etc.) **por encima de Dios y contrariando la voluntad de Dios**. Y no sólo su Voluntad, sino incluso su omnipotencia, lo que resulta inaudito. Sin embargo, es lo que hoy en día no sólo se sostiene, sino que, incluso, siguen practicando todas las religiones mayoritarias que conocemos. No consideramos el "matrimonio civil", porque para nosotros no reviste la condición de verdadero matrimonio, siendo una simple ceremonia humana sin valor básico alguno.

En segundo lugar, es fundamental aclarar que esta unión es esencialmente espiritual y no exclusivamente física. Nos referimos -por supuesto- a la unión divina en contraste con la unión humana. Es vital separar y tener presente esta distinción entre lo humano y lo divino, pese a sus indudables conexiones.

¿Cómo o a través de qué medio Dios une a dos personas?:

A través del compromiso de unión entre ambas personas. Este ha de ser un compromiso recíproco, bilateral, no unilateral. Si este compromiso es verdaderamente mutuo, simultáneo y constante, allí queda sellada esa unión por Dios. Es necesario el consentimiento pues de tres partes: los cónyuges por un lado y Dios por el otro. Es una unión bilateral (o multilateral en los que aceptan la poligamia). Nunca unilateral. Dios **ha unido** cuando marido y mujer aceptan serlo **recíprocamente**, y se comprometen a ser **como** una sola carne (otra forma de llamar a ser o actuar **unidos**). No es una unión *impuesta* por Dios, sino **bendecida** por Él. Imposible sin el consentimiento y voluntad de los contrayentes.

Dicho compromiso se expresa por diversos medios, que pueden darse juntos o por separado. Por ejemplo:
1. la continuidad y permanencia en convivencia,
2. o cooperación y asistencia recíproca, con sincera e íntima vocación de perpetuidad, lo que diferencia este tipo de unión de otros tipos de uniones.

La convivencia no define al matrimonio. En el mejor de los casos puede ser su complemento. Pero nunca su base.

Si los contrayentes deciden acudir a una ceremonia humana como símbolo de su matrimonio, no basta que esa intención de unidad presente y futura se manifieste de palabra ante el sacerdote o el celebrante en el momento de la boda. Ha de **mantenerse** la misma **intención** y convicción **después** de ella y a **futuro**. Si no fuera así el vínculo se disuelve. Al menos así creemos es el matrimonio del Dios.

El compromiso es de unidad, comprensión, contención, compañerismo, cooperación, sostén y ayuda mutua entre los esposos. Hay infidelidad al vínculo por parte de quien rompe o simplemente abandona dicho compromiso, lo que habilita el divorcio por medio del cual el vínculo queda disuelto (Mat 19:9). En lo humano, esto sólo puede ser conocido por manifestaciones externas, verbales o no verbales de los involucrados. Por ejemplo, los miembros del matrimonio pueden confesarse mutuamente infieles o demostrárselo con hechos (malos tratos, discusiones, indiferencia, desprecio, violencia física o verbal, etc.). Creemos que esto habilitaría el divorcio conf. Mat. 19:9.

En lo divino, sólo Dios puede conocerlo. Pero –creemos- no es siempre Dios el que rompe el compromiso, no porque no pueda hacerlo, que puede, sino que cuando Dios advierte que el compromiso fue vulnerado sin voluntad de recomponerlo a futuro, Él se limita a disolver el vínculo. La pareja puede no darse cuenta de esto y continuar la convivencia o la relacen engañados. Pueden creer que siguen siendo un matrimonio sin saber que ya no lo es. Al menos no serán el matrimonio de Dios, serán un matrimonio según los hombres (legal o civil). Sólo Dios puede leer el corazón humano y nadie más que Él puede hacerlo. En todos los casos, Dios se limita a confirmar una decisión ya tomada por uno o más de los cónyuges a nivel consciente o inconsciente.

En lo humano, nuestras posibilidades son mucho más modestas. Basta la **sospecha** de infidelidad (unilateral o bilateral) para que el compromiso quede violado. Nunca podemos aspirar a una certeza ni total ni parcial al respecto. Si desconfiamos, ya no estamos unidos al otro. El vínculo de unión es la confianza y no su antítesis.

Por definición, el vínculo matrimonial es tal en la medida en que es **mutuo, simultáneo y constante** en cada una de las partes intervinientes. Dura mientras el compromiso subsista en estas condiciones. Es de naturaleza espiritual y expresión material.

Dios une en la medida que la pareja siente interiormente la necesidad de unirse. El elemento es la mutua atracción que los impulsa a ser la *ayuda idónea* de la que habla el Génesis. Esto es algo que sólo cada uno de los miembros de la pareja implicada puede conocer y no ninguna otra persona, excepto –naturalmente- Dios

Todopoderoso. Donde aparece esa necesidad, allí existe matrimonio. Donde no existe, o ha dejado de existir ese sentimiento, no hay matrimonio. Señal esta de que Dios ha desunido lo que había antes unido. No vale aferrarse a lo actuado en una ceremonia religiosa (por muy pomposa, "importante" o festiva que parezca) o ante un funcionario del gobierno porque esto concierne al matrimonio humano (del hombre) y no al matrimonio divino (estatuido por Dios).

Si A es fiel a B pero B no es fiel a "A", va de suyo que allí Dios no ha creado vínculo conyugal alguno, o si había sido creado fue disuelto (siempre y cuando no exista el perdón que hemos mencionado antes). Dios respeta el libre albedrío humano. Y bien sabe cuándo se ha tratado de un pequeño desliz reparable, o de una situación que se va a repetir en lo futuro. Porque El todo lo sabe.

El vínculo unilateral no es "matrimonio". No hay en este caso "matrimonio". Lo hay cuando el vínculo es mutuo, es decir, bilateral o multilateral (poligamia). Habrá -en el primer caso- matrimonio *humano,* pero no *divino* (de Dios). Insistimos que el matrimonio ceremonial, legal o civil no tiene nada que ver con todo esto.

Sería absurdo que un sacerdote o un funcionario público "celebraran" un matrimonio con uno sólo de los contrayentes, contando con la sola palabra de sólo el novio o sólo la novia y en ausencia del restante novio/a. Otra razón más para descartar que el matrimonio se "concreta" con un simple o complejo ritual, con muchos testigos, con o sin fiesta, etc. Toda esta parafernalia, no es más que un simbolismo externo que, sin embargo, para una mayoría es el "verdadero" matrimonio. Pero, además, el matrimonio humano cuenta con la desventaja de que la manifestación del mutuo acuerdo puede no ser sincera en algunos o en todos los contrayentes.

Pero no basta la existencia de ese vínculo para que exista "matrimonio", sino que además es imprescindible otro requisito más: el de la voluntad de continuidad y permanencia de los cónyuges, porque la *mutua ayuda* sin intención de continuidad y permanencia de ella, tampoco constituye un matrimonio. Podrá ser una relación de pareja o noviazgo quizás, o llamársele relación afectiva, formal o informal, de hecho, o de cualquier otra manera. Pero no matrimonio.

Esta *mutua ayuda* comprende un aspecto menospreciado frecuentemente por muchos, y que es el económico. Puede sonar muy materialista para un religioso o un fanático espiritualista, pero no lo es. Creemos que fue uno de los motivos (y tal vez el más importante) por el cual Nuestro Señor Jesucristo restringió el repudio a la mujer en sus tiempos, donde el marido era el amo y la mujer su esclava, en el más literal sentido de ambas palabras.

El vínculo es indisoluble sólo para el hombre (salvo por infidelidad) pero no lo es para Dios. Dios puede disolverlo en cualquier momento y en vida de los esposos. Si Dios es todopoderoso, ergo, su potestad es siempre la misma, y tanto une como desune, y en el tiempo que quiera, sin consultar con nadie. ¿Es negar la divina potestad de Dios sostener que lo que Dios une ni Dios puede desunirlo (???). Un disparate. Casi una blasfemia.

Cristo no dijo que Dios estaba "impedido" de desunir lo que había unido. Era absurdo que tuviera que aclarar que lo que Dios une, Dios desune (o separa) si así lo quiere y en el momento en que lo quiere hacer. Era algo que Cristo no tenía que aclarar por su obviedad.

Jesús nunca habló de "indisolubilidad" **divina** del vínculo. Sino de que el hombre no separe lo unido por Dios. Si hablo de una indisolubilidad humana. Mas concretamente que el hombre no deje a su mujer. Mas que nada marcó una

71

imposibilidad fáctica humana. Pero en parte alguna alude a una indisolubilidad absoluta. Es absoluto si para el hombre, no para Dios.

La clave para entender que Dios une, desune, separa, está en la misma Biblia. Uno de los versículos claves que enseña esto es el siguiente:

Mat_19:5 y añadió: "POR ESTA RAZÓN EL HOMBRE DEJARÁ A su PADRE Y A su MADRE Y SE UNIRÁ A SU MUJER, Y LOS DOS SERÁN UNA SOLA CARNE"

El vínculo que Dios crea entre los padres y sus hijos nunca se rompe humanamente. La palabra "dejara" es clave. Los hijos dejaran (se separan) de sus padres sin dejar de ser sus hijos ni aquellos dejan de ser sus padres. Es un vínculo divino creado por Dios y por ende Él tiene toda potestad sobre un vínculo creado por El. El hombre carece de potestades sobre este vínculo.

Es necesaria una separación (dejará) para posibilitar una nueva unión. Está claro que ninguna de ambas es física sino espiritual. Y no se dice en parte alguna que ese dejar y unir sean definitivos. Ambos (separación y unión) son queridos y operados por Dios.

En el supuesto de este versículo se ve claro.

Dios disuelve el vínculo que tenía al hombre con sus padres y crea un nuevo vinculo "con su mujer". En ambos casos, el vínculo que se disuelve y el nuevo que se crea es un vínculo de **dependencia**. Además, se mantiene el vínculo de amor entre padres e hijos y se crea un nuevo vínculo de amor entre los nuevos esposos, porque Dios es antes que cualquier cosa, AMOR.

El término "una sola carne" es una metáfora o una alegoría, y no puede aludir a otra cosa que, a la común **dependencia**, ya que tomarlo en sentido literal conduciría al absurdo, ya que dos personas no pueden fusionarse ni física ni materialmente en una sola. Tiene que ser una metáfora o alegoría, que en la Biblia abundan y no son extrañas.

El vínculo que se disuelve entre los padres y el hombre es el de **dependencia**, porque ni los padres *dejan* por ello de amar al hijo, ni este a aquellos. Y el vínculo que se crea entre los esposos es doble: de amor y de dependencia a la vez. Y aunque no haya dependencia subsiste la colaboración económica entre las partes.

Los hijos dependen de sus padres hasta la mayoría de edad. Entre los judíos la mayoría de edad se alcanzaba cuando los hijos estaban en condiciones de casarse. Lo que como ya vimos ocurría muy tempranamente cuando los futuros novios apenas eran niños, costumbre oriental que se conserva hoy en día en muchos de aquellos lugares. En tiempos de Jesús era monead corriente u era lo más normal.

Cuando el hijo varón se casaba, dejaba la dependencia de sus padres y se convertía en independiente. Esa a esto a lo que la Biblia alude con la palabra "dejará".

La hija, al casarse, también dejaba de depender de sus padres, pero -a diferencia del hijo varón- **pasaba a depender de su marido,** que vendría ser una suerte de "sucesor" del padre de la novia en la **propiedad** de la hija, ahora convertida en esposa.

Esto era así entre los antiguos judíos porque la mujer era considerada como una cosa, propiedad primero de su padre y -luego de casada- pasaba a ser propiedad de su esposo.

La metáfora de "una sola carne" alude a ese vínculo de propiedad. Pero Cristo la cambió en el caso del matrimonio por una **comunidad** mutua de ambos esposos entre sí, algo que la tradición judía y farisaica no entendía ni aceptaba de esa manera. Con Jesucristo el matrimonio deja de ser una relación de **propiedad** del marido sobre la mujer, y pasa a ser una relación de **sociedad conyugal** en lo jurídico y de **comunidad** en lo moral. Lo que tiene bastante parecido con los regímenes legales que, en el mundo moderno, legislaron sobre el matrimonio.

Todo lo cual, no tiene que ver con la interpretación actual corriente sobre la indisolubilidad matrimonial sobre el cual hoy existe un profundo mal entendido a nivel religioso y en algunos casos legal.

Pero volvamos al matrimonio divino o de Dios.

Ahora bien, si el compromiso aludido antes, deja de ser **mutuo, simultaneo y constante en y por una o ambas** partes, entonces el vínculo se disipa. Es la misma bilateralidad mencionada al comienzo, pero en sentido opuesto. Sin embargo, el vínculo no lo disipa el hombre sino Dios. Por otra parte, sólo es posible para Dios saber si la ruptura del compromiso será permanente o transitoria, porque si fuera sólo temporal, allí no se debería disolver el vínculo. Y creemos que entonces Dios no lo disuelve. En cambio, si Dios sabe que el compromiso ha quedado roto para siempre, entonces en tal ocasión se disuelve. A través del principio de los tiempos hasta la actualidad, la arrogancia humana ha pretendido saber lo que nunca ha sabido ni podrá saber, y que sólo Dios Todopoderoso sabe. También en el terreno matrimonial y famular el hombre "ha jugado a ser Dios" y ha osado ponerse en Su lugar.

Por supuesto, no hay manera humana objetiva de saber si el vínculo es bilateral, unilateral, o no existe ni el primero ni el segundo. Tampoco hay manera de saber si es actual. Esto lo sabe solamente Dios. Por eso Él une o desune. Y es por eso que, más allá de su voluntad finita, el hombre no puede desunir lo unido por Dios. Se trata de una imposibilidad humana fáctica.

Veamos esta otra opinión:

"Jesús concibió el matrimonio tan estrictamente como casi nadie lo hizo antes, pero no dijo lo más mínimo sobre su finalidad. Y no puede encontrarse ninguna palabra suya contra el mismo" (lo que este autor intenta es un ataque al celibato). "En caso contrario, con qué ansia se habría agarrado a ella Pablo, el enemigo del matrimonio, en su primera Carta a los Corintios. En lugar de ello, tuvo que admitir que no contaba con ningún precepto del Señor al respecto" (es verdad). "También en esto, Jesús compartía evidentemente la postura de los judíos. Cualquier mitigación de la libido en el interior del matrimonio -que luego se convirtió en ineludible exigencia de la Iglesia- tenía que parecerles absurda, una posición a la que alude aquella frase -rotunda afirmación del amor físico- según la cual los esposos deben ser "una sola carne". (No implica necesariamente amor físico "sexual", por lo que ya explicamos antes)

(La cita anterior es de Karlheinz <u>Deschner</u>, en su libro *Historia Sexual del Cristianismo*)

Es verdad que, del matrimonio, Cristo "no dijo lo más mínimo sobre su finalidad". Ni dijo que su finalidad era sexual ni lo contrario (asexual). Confundir lo sexual con lo matrimonial, o creer que son sinónimos es un grave error. El matrimonio puede o no incluir al sexo, pero no es su esencia. La esencia del matrimonio es de naturaleza mucho más profunda, es espiritual y no sexual. Y es a esto último a lo que creemos que Cristo apuntaba. Lo sexual, si bien es importante, no deja de ser algo secundario y complementario en orden a lo puramente espiritual.

Sobre la poligamia ver aquí

Otra versión

Ahora bien, según otro texto[32] el pasaje diría:

Mat 19:9 Y os digo que cualquiera que repudia a su mujer, a no ser por causa de *fornicación*, y se casa con otra, adultera.

Como la Concordancia de Strong, a la palabra **fornicación** le asigna el número:

G 4202

πορνεία

porneía

de G 4203; prostitución (incluido adulterio e incesto); figurativamente idolatría: - fornicación.

Es decir, no cambia en esencia nuestra interpretación anterior, ya que:

Entendemos que el sentido en esta versión, es que lo que se *adultera* es **la esencia del acto sexual,** que no puede comprarse ni venderse por dinero. El sexo no puede ser considerado jamás un acto de comercio. Ni puede ser objeto del mismo ni ejercerse como tal.

Además del comercio sexual, la expresión debe incluir los actos de **violación, estupro, pedofilia, sadismo y abuso deshonesto.** Estos actos adulteran la naturaleza del deseo sexual, creado y santificado por Dios, que debe ejecutarse siempre en forma voluntaria y libremente deseada por todas las partes involucradas, sean una o varias.

---

[32] *SANTA BIBLIA. BIBLIA HEBRAICA STUTTGARTENSIA. NOVUM TESTAMENTUM GRÆCE.* Traducción Contextual al Castellano. Segunda Edición. SOCIEDAD BÍBLICA IBEROAMERICANA

La *fornicación*, entonces, no es más que infidelidad sexual, la que como ya explicamos antes, no es la única, ni siquiera la más importante forma de *infidelidad*. Pero no es tampoco simplemente "sexo extramatrimonial", sino más bien una forma de perversión sexual, resumida en la palabra *fornicación*, compuesta por actos a los que nos hemos referido en el párrafo inmediato anterior. Jurídicamente, la voluntad de una de las partes está viciada en cada uno de esos actos, lo que impide hablar de una relación sexual normal y natural.

Además, hay que ubicarse en el contexto histórico: la mujer judía repudiada, difícilmente podía volver a casarse, ya que había perdido algo muy importante: la virginidad, y su carácter de repudiada la hacía una mujer de segunda mano. En consecuencia, sólo le quedaba el recurso de dedicarse al oficio de la fornicación (prostitución).

Con todo, habría una excepción importante a esto último. Recordemos que entre los judíos la mujer era sierva de su esposo, es decir su esclava. Pero a la vez, el padre de la esposa entregaba una dote con ella según la tradición[33]. No debía ser raro que otro hombre codiciara no sólo a la esposa del vecino-prójimo sino (quizás más todavía) también su dote y ofreciera al marido comprarle su mujer (es decir su esclava recordemos), posiblemente por un precio muy inferior a la dote. Lo que se dice una verdadera ganga, ya que recuperaba -en cierto modo- su inversión (de aceptar el

---

[33] A veces, la palabra "dote" se usa para designar tanto el precio de la esposa que el padre del novio pagaba al padre de la novia, como a la suma que el padre de la novia entregaba a esta para que -a su turno- la aportara al matrimonio.

marido vendedor la oferta). Para poder llevar a cabo este negocio, era necesario que el marido <u>vendedor</u> de su esposa expidiera primero el famoso libelo de repudio, así el nuevo pretendiente comprador quedaba habilitado y podía casarse con la repudiada (comprarla, en suma) y adquirir a esta y su dote, a cambio de una cifra mucho menor. Lo que hoy diríamos "un negocio redondo". Sería algo similar a la llamada trata de blancas de hoy en día. Este tipo de tratos entre hombres debe haber sido muy frecuente y considerados normales y hasta perfectamente legales.

En teoría, la dote era "propiedad" de la esposa y el marido debía administrarla. Pero, puede inferirse también que, seguramente esta práctica se prestaba a abusos por parte del esposo administrador, y que, al repudiar a su mujer (además de todas las consecuencias sociales negativas para la mujer, ya comentadas) esta perdía la dote que era primeramente era administrada por el marido (lo que, a su vez, además el verdadero motivo, pudo haber sido una perfecta excusa para el repudio). **Quizás** el libelo de repudio (habría que examinar su contenido literal) permitía a la mujer recuperar su dote (y fuera una de las razones por las cuales Moisés lo impuso). Pero no sería raro que se generara una corruptela por la cual -aun con el libelo de repudio- el marido que lo otorgaba se quedara con la dote de la mujer, lo que habría sido muy simple en la época, con evidente perjuicio para la repudiada.

Si en cambio, las condiciones para la compra (nuevo casamiento) de la repudiada con un nuevo esposo (adquirente) era que la dote pasara a formar parte de la transacción, esto desalentaría la apropiación de la dote por parte del primer marido. La "mercadería" en este caso, consistía en la venta de la ex-esposa con su dote incluida.

Probablemente, por todo esto, Cristo habría dicho "...y el que se casa con la repudiada...". Notemos que el discurso sigue girando en torno a la **repudiada**. Estaba queriendo prohibir o eliminar esta repugnante práctica comercial con seres humanos (en este caso, un vulgar tráfico comercial de mujeres casadas/divorciadas entre hombres). Nuestro Señor Jesucristo quiso eliminar la abyecta mercantilización de la mujer. Fue un precursor en materia social y en los derechos de la mujer.

Esta situación hoy en día es harto improbable, por no decir prácticamente imposible. O, mejor dicho, rotundamente imposible, excepto en sociedades muy primitivas o tribales. La idea actual de matrimonio y divorcio poco o nada tiene en común con las de los tiempos de Jesús.

Los bienes

También habría tenido el Señor en cuenta —al restringir el divorcio al caso de infidelidad- que la mujer divorciada perdía el usufructo de los bienes del marido (ya que no tenía en propiedad ni podía ella tener en tal carácter bien alguno). Que el vínculo fuera indisoluble -excepto en caso de infidelidad- representaba también una protección mayor de la mujer en este sentido. En este caso, la protección también sería patrimonial. Dado que -en caso contrario-la mujer repudiada que no podía volverá a casarse -por cualquier motivo- quedaba reducida a la miseria más atroz. Sólo podía vivir de la mendicidad o de la prostitución, y era mucho más fácil que cayera en esta última que en la primera. Quizás se debatía entre ambas y se veía forzada a practicarla alternativamente. Nuevamente, fue Nuestro Señor Jesucristo quien recusó esto y bregó por erradicarlo, aprovechando la pregunta maliciosa de los fariseos.

Los hijos

Si bien en este contexto de los pasajes analizados no se los menciona, no puede concebirse que Nuestro Señor Jesucristo no haya tenido en cuenta a los hijos de la pareja. Máxime con la importancia que el Señor les daba a los niños. Al respecto, podrían darse dos situaciones que examinamos seguidamente:

1. Dado que el marido era literalmente por ley el **dueño** de la esposa iba de suyo que los hijos que esta le diera (y se utilizaba en forma literal la expresión **darle** hijos) también pasaban a ser propiedad del marido y padre. Esto implicaba que, si el hombre repudiaba a su mujer, esta automáticamente perdía el contacto con sus hijos, que al abandonar ella el hogar conyugal quedaban en absoluta propiedad del padre, quien jurídicamente era – además- el dueño de ellos.

2. Pero podría darse otra situación: que la repudiada lo fuera juntamente con sus hijos. Dado que el padre no tenía ninguna obligación de pasar una cuota alimentaria (como en las legislaciones modernas) y que la mujer judía no estaba habilitada jurídicamente para trabajar ¿cómo esta mantendría a sus hijos? Algo virtualmente imposible para ella, si no se dedicara a la prostitución (fornicación). Podemos presumir que no pocas esposas repudiadas terminaran finalmente empujadas hacia esta última solución.

Jesús resuelve esta disyuntiva. Al restringir el divorcio a la causal de infidelidad, Nuestro Señor Jesucristo también ponía -de algún modo- remedio a esta triste situación de la madre de los niños que, hasta ese momento, se veía privada de ellos si era repudiada, o de sustentarlos económicamente si era despachada con sus hijos incluidos. Recordemos que – incluso ya en nuestra propia era- y hasta hace muy pocos años atrás, la patria potestad era exclusividad del padre y no de la madre, y sólo en años muy recientes la ley la reconoció en forma compartida entre ambos progenitores.

GABRIEL BORAGINA

4. El antisexualismo

En la Biblia

Es notable, principalmente en el NT, pero marcadamente en las epístolas de Pablo.

¿Cuál podría ser la causa más probable? La pregunta admite varias respuestas. Pero comenzaremos por las que creemos más factibles.

Algunos comentaristas bíblicos y religiosos, enmarcados -en términos genéricos- en una interpretación antimaterialista de las Escrituras, sea por prejuicios moralistas, por desconocimiento especializado, o por simple y llano desinterés, suelen pasar por alto las condiciones históricas y materiales en el que se desarrollan las narraciones bíblicas, haciendo una completa abstracción de las mismas. Nosotros -en lo que sigue- intentaremos no proceder como ellos y no caer en ese error.

Hay que tener en cuenta que, en aquellos **lejanos** tiempos las relaciones sexuales eran altamente riesgosas, cuando no directamente peligrosas. Fundamentalmente, por los motivos que enumeramos a continuación:

1. No existían los modernos métodos anticonceptivos de la actualidad.
2. Lo anterior resultaba en que el menor acto sexual llevara a embarazos (deseados o no). La cantidad de hijos se tornaba en incontenible. Pero también resultaba muy riesgoso el parto para la madre.
3. Las condiciones de higiene[34] eran mínimas y deplorables. Ni siquiera eran básicas.

4. No existía ni agua corriente, ni potable, ni desagües cloacales ni nada de eso. Abundaban los insectos y alimañas.

5. Proliferaban las enfermedades venéreas por doquier, contra las cuales tampoco había modo de prevención ni de remedio alguno.

6. Las posibilidades de infección por contagio eran moneda corriente.

7. Las prostitutas constituían el medio más simple para contagiarse e infectarse. Y también el más seguro para ello. De allí que, la prostitución (en la Biblia llamada *fornicación*) fuera declarada el más abominable de los pecados.

8. Dado el grado de primitivismo y brutalidad de aquellas gentes antiguas, las violaciones debían ser frecuentes y estar a la orden del día.

9. La enfermedad se creía en aquel tiempo un castigo de Dios.

10. Las posibilidades de contagio[35] llevaban a desconfiar de los extraños, y a tratar de mantener las relaciones sexuales dentro del grupo familiar (incesto[36]) considerado (dada la ignorancia general) más "seguro" sexualmente.

11. Pero había también motivos económicos: la incontenible propagación de hijos, hacia virtualmente imposible que sus padres pudieran mantenerlos a todos[37]
.

---

[34] Ver Levítico 15:1-33

[35] Ver Levítico 15:1-33

[36] Lot tuvo hijos con sus hijas. El mismo Moisés fue hijo de una relación incestuosa conforme vemos en **Éxo 6:20**, y así muchos ejemplos más de elegidos por el mismo Dios.

[37] Podemos imaginar las angustias de los padres al no poder mantener a sus hijos, como así también -y, por otro lado- la fuente de conflictos entre la pareja

12. El entorno social era de pobreza extrema. Sólo los nobles eran ricos. No existía la llamada "clase media" que aparece muy tardíamente (recién a fines del siglo XVIII y principios del XIX).

Ante este panorama, se puede comprender que los autores de la Biblia creyeran todo "lo sexual" como *inmundo, inmoral, sucio, lascivo, pecaminoso,* etc. Además, pensaban que esas condiciones siempre serían así, inclusive en lo futuro. Los conocimientos de la época no podían -en modo alguno- explicar las causas de tales fenómenos visibles.

Las enfermedades sexuales se equiparaban a la lepra (ver, por ejemplo, 2Sa 3:29). Por este motivo se le daba al matrimonio y a la fidelidad sexual un valor superlativo. Iba la supervivencia humana misma ligada a ello. El adulterio se consideraba peligroso por idénticos motivos, había razones vitales comprometidas. "Correspondía" en consecuencia "declararlo" *pecado grave.* Ya que ponía en riesgo la salud e incluso la vida misma de quienes se vieran implicados en el mismo. Máxime tratándose de extraños a la pareja.

Pero hay más. La misma Biblia da cuenta que el líquido seminal y el flujo femenino, eran considerados anormalidades físicas que requerían prevención y tratamiento. Como se ve en Levítico 15:1-33:

Levítico 15:1-33
15. Impureza del Hombre y de la Mujer.

[1]Yahvé hablo a Moisés y a Aarón, diciendo:
[2]"Hablad a los hijos de Israel y decidles: Cualquier hombre

---

a que esto daría lugar. Si así ocurre en nuestro presente -con todo el confort y comodidades que goza nuestra civilización- imagínese la situación en el comienzo de los tiempos.

que padezca flujo seminal en su carne será inmundo. 3Esta es la ley de su inmundicia en el flujo, ya sea por destilar su carne el flujo, ya sea por retenerlo, es inmundo. 4El lecho en que se acueste, el asiento en que se siente, será inmundo. 5 Quien tocare su lecho lavará sus vestidos, se bañará en agua y será impuro hasta la tarde. 6Quien se sentare sobre un objeto sobre el que se sentó el que padece el flujo, lavará sus vestidos, se bañará en agua y será impuro hasta la tarde. 7Quien tocare la carne del enfermo, lavará sus vestidos, se bañará en agua y será impuro hasta la tarde. 8Si el enfermo escupe sobre un hombre puro, éste lavará sus vestidos, se bañará en agua y será impuro hasta la tarde. 9El carro en que viaje el enfermo será inmundo. 10Quien tocare algo que haya estado debajo del enfermo, será impuro hasta la tarde, y quien le transporte lavará sus vestidos, se bañará en agua y será impuro hasta la tarde. 11Todo aquel a quien el enfermo tocare sin haberse antes lavado las manos en agua, lavará sus vestidos, se bañará en agua y será impuro hasta la tarde. 12Toda vasija de barro que tocare se romperá; la de madera se lavará en agua. 13Cuando esté curado de su flujo, contará siete días para su purificación, lavará sus vestidos, bañará su cuerpo en agua viva y será puro. 14Al octavo día, tomando dos tórtolas o dos pichones, se presentará a Yahvé, a la entrada del tabernáculo de la reunión, y se los dará al sacerdote, 15que los ofrecerá, uno en sacrificio expiatorio, el otro en holocausto, y hará por él la expiación ante Yahvé por su flujo. 16El hombre que efundiere su semen, lavará con agua todo su cuerpo, 17y toda ropa o piel en que se efunda será lavada con agua, y será inmunda hasta la tarde. 18La mujer con quien se acostare con emisión del semen, se lavará como él, y, como él, será inmunda hasta la tarde. 19La mujer que tiene su flujo, flujo de sangre en su carne, estará siete días en su impureza. Quien la tocare será impuro hasta la tarde. 20Aquello sobre que durmiere o se sentare durante su impureza, será impuro, 21y quien tocare su lecho lavará sus vestidos, se bañará en agua y será impuro hasta la tarde. 22Si alguno tocare un mueble sobre el que ella se sentó, lavará sus vestidos, se bañará en agua y será impuro hasta la tarde.

23Lo que hubiere sobre su lecho o sobre su asiento, quien lo tocare será impuro hasta la tarde. 24Pero, si uno se acostare con ella, será sobre él su impureza, será impuro por siete días, y el lecho en que durmiere está inmundo. 25La mujer que tuviere flujo de sangre por más tiempo del acostumbrado, prolongándose éste más allá de los días de su impureza, será impura todo el tiempo que dure el flujo, como en el tiempo del menstruo, 26El lecho en el cual duerma y todo objeto sobre el que se siente, será impuro como en el tiempo del menstruo; 27y quien los tocare será impuro, y lavará sus vestidos, se bañará en agua y será impuro hasta la tarde. 28Cuando curare de su flujo, contará siete días, después de los cuales será pura. 29Al octavo día tomará dos tórtolas o dos pichones y los llevará al sacerdote a la entrada del tabernáculo de la reunión. 30El sacerdote los ofrecerá, uno en sacrificio expiatorio y el otro en holocausto, y hará por ella la expiación ante Yahvé de la inmundicia de su flujo. 31Enseñad a los hijos de Israel a purificarse de sus inmundicias, no sea que por ellas mueran, por manchar el tabernáculo que está en medio de ellos. 32Esta es la ley del que padece flujo y efunde el semen, haciéndose inmundo, 33y de la mujer en su flujo menstrual; de cuantos padecen flujo, hombres o mujeres, y del hombre que se acuesta con una mujer impura."

Y el comentario a estas citas bíblicas dice lo que transcribimos a continuación en forma textual:

"Otra de las fuentes de impureza es todo lo que toca a la vida sexual. No era esto sólo entre los hebreos; también entre los gentiles ocurría algo semejante. La epigrafía árabe nos suministra una prueba. Por algo los vocablos de pureza e impureza se aplican especialmente a lo sexual. El legislador trata en este capítulo de la efusión del semen, sea normal o proveniente de una enfermedad. En ambos casos constituye una impureza, que se comunica a todo cuanto toca el paciente. Pero, en el primer caso, la impureza es permanente, mientras dure la enfermedad, y luego de curada se impone una purificación mediante sacrificios (v.18). Esta

impureza legal hacía al guerrero inepto para el combate[1]; la razón de ello es que las guerras de Yahvé eran santas, y, por tanto, el guerrero debía estar en estado de pureza legal. Como hemos indicado antes, para dar razón de considerar impuro al hombre y a la mujer que padecen flujo seminal o de sangre hay que acudir a creencias ancestrales de los hebreos, que primitivamente pudieron tener origen supersticioso, y que consideran todo lo relacionado con el sexo como algo desordenado. El mismo flujo seminal parece un desorden orgánico inmundo para el que no considera sus causas fisiológicas científicamente. En las legislaciones egipcias, babilónicas y árabes se supone-que las relaciones sexuales incluyen cierta impureza ritual.

La mujer, a consecuencia de su flujo menstrual, también se vuelve inmunda; pero, si este accidente se volviera morboso, la impureza duraría durante el desarreglo orgánico. En ambos casos, la mujer comunica su impureza a lo que toca, sea persona o cosa. Después de haber pasado la enfermedad, debe purificarse mediante sacrificios expiatorios (v. 19-33). Fuera de estos casos, la impureza, así del hombre como la de la mujer, sea original o contraída por el contacto, se quita con el lavado de los vestidos y el baño del cuerpo.

1 cf. 1Sa_21:5-7."

Si nos atenemos exclusivamente al comentario del capítulo citado arriba, daría la impresión que el legislador no es el propio Dios, sino que serían Moisés y Aarón. Aun prescindiendo de este detalle la explicación del comentarista bíblico es incompleta. En realidad, a nuestro modo de ver, el pasaje se refiere a las pésimas condiciones de higiene propias de la época y agravadas por la estadía en el desierto, que hacían de las relaciones sexuales una fuente permanente de enfermedades. En tal caso, Levítico 15:1-33 no es más que un compendio que describe la ignorancia sanitaria de Moisés y Aarón que era por cierto común a todos los pueblos antiguos. Revelador es el siguiente pasaje donde dice:

"Como hemos indicado antes, para dar razón de considerar impuro al hombre y a la mujer que padecen flujo seminal o de sangre hay que acudir a creencias ancestrales de los hebreos, que primitivamente pudieron tener origen supersticioso, y que consideran todo lo relacionado con el sexo como algo desordenado. El mismo flujo seminal parece un desorden orgánico inmundo para el que no considera sus causas fisiológicas científicamente. En las legislaciones egipcias, babilónicas y árabes se supone-que las relaciones sexuales incluyen cierta impureza ritual."

Sin embargo, el versículo 1 dice que Dios mismo les ordeno todo esto. Lo que hace que la cita anterior no concuerde con el versículo 1 en cuanto dice que "Yahvé hablo a Moisés y a Aarón, diciendo". ¿se tratan entonces de "creencias ancestrales de los hebreos, que primitivamente pudieron tener origen supersticioso, y que consideran todo lo relacionado con el sexo como algo desordenado" o de algo que realmente dijo Dios? Todo parece indicar que los autores que comentan esto no creen que haya sido Dios el que dispusiera estas medidas, sino el legislador, ya que dicen: *El legislador trata en este capítulo de la efusión del semen.* Y en rigor, no hay "un" legislador, sino dos: Moisés y Aarón, excepto que el comentarista bíblico tampoco crea que estos dos hayan sido los verdaderos legisladores, sino un tercero anónimo. La redacción en la tercera persona del plural da sustento a esta hipótesis.

Suponiendo, en cambio, que sea cierto que "Yahvé hablo a Moisés y a Aarón, diciendo" tenemos que pensar entonces que Dios, en estos textos, da normas de higiene, en todo el sentido de la palabra (que incluso podrían ser hasta novedosas para los hebreos) para ilustrar y -en la medida de las condiciones primitivas y precarias en materia de higiene- lo que era fuente de infecciones y contagios permanentes y proliferación de enfermedades venéreas, que -en condiciones médicas primitivas y prácticamente inexistentes- podrían llegar a tener graves consecuencias.

Si se trataran de palabras de Dios y no del autor del capítulo, entonces habría que concluir que Dios —en este como en muchos otros pasajes bíblicos- se adecua a la mentalidad primitiva y rudimentaria de su pueblo, y le da lecciones de prevención sanitaria, ajustadas a los elementales y escasos conocimientos y materiales sanitarios de la época. No existían —naturalmente- nuestros modernos desinfectantes, antibacterianos, etc. y al único elemento conocido al que los antiguos le atribuían facultades de desinfección era al agua, que, no obstante, pocas veces se encontraba en estado puro y potable. Dado que en esa época nadie podría comprender explicaciones científicas de fenómenos físicos o biológicos Dios se vería obligado a explicarles las cosas como a niños muy pequeños. Puede ser que se mezclen aquí recetas propiamente humanas con otras divinas. Caso contrario, es muy difícil conciliar estos textos.

Aquí no hay ninguna referencia al *matrimonio* como quieren ver algunos dogmáticos moralistas. La única referencia que se encuentra es a las relaciones sexuales en general, sean matrimoniales o extramatrimoniales. Por lo demás, no existía -en rigor- el *matrimonio,* sino el **patrimonio**, por lo que las relaciones entre hombre y mujer eran **patrimoniales,** en tanto aquel —en virtud del casamiento o boda- se convertía en el dueño de esta. La idea de *matrimonio* tal como la conocemos hoy en día, es muy posterior en la historia del mundo. En una perspectiva histórica, se puede afirmar que el matrimonio es una concepción moderna.

El contexto histórico, *científico* (en el sentido en que hoy entendemos este vocablo) y social dan cuenta y explican por qué la sexualidad era motivo de recelo en la Biblia. No existía ni la ciencia biológica ni la bacteriología, y la medicina era más un ritual mágico y tribal que cualquier otra cosa, materia de brujos y mano-santas. A lo que se agrega que las relaciones sexuales se pensaban como algo anormal y fuente de riesgos de enfermedad por todo lo dicho antes. De allí que se las creyera pecaminosas.

Nuevamente: trasladar aquellas primitivas situaciones a nuestros tiempos para hacer interpretaciones éticas o morales **prescindiendo** (a sabiendas en muchos casos) de los factores enumerados (y otros no enumerados) equivale a errar el camino. Si puede comprenderse la ignorancia de aquellos primeros hombres no puede justificarse que los "modernos" privilegien y renueven aquella ignorancia para fundar sobre ella sus prejuicios éticos y moralizantes.

Seguir condenando al "sexo" en nuestros tiempos, cuando la mayoría de los puntos enumerados arriba -hoy en día- han virtualmente desaparecido (por obra de Dios añadimos y creemos) da la razón a autores como Deschner, que sostiene que el **antisexualismo** se funda en motivos de envidia, resentimiento, etc. En suma (agregamos nosotros) el antisexualismo *per se* es pecaminoso (al revés de cómo lo sustentan los moralistas sexuales de hoy).

Se deriva de ello que, intrínsecamente no hay nada "impuro" en el sexo ni en lo sexual. En el mejor de los casos, no se trataba sino de un extendido mito del pasado, fruto de una comprensible ignorancia primitiva. No hay ninguna razón para distinguir a los órganos sexuales de los demás órganos del cuerpo humano, ni menos aún para decir que los genitales (que forman parte del cuerpo humano que

Dios ha creado y -que según el mismo Dios dijo- su creación "era muy buena"), sean "inmundos" en relación a las partes restantes del mismo cuerpo. Por ende, las relaciones sexuales tampoco son "inmundas" o "sucias" por si mismas.

El antisexualismo religioso

Curiosamente, del antisexualismo bíblico deriva otro que es más actual y que yo denomino religioso.

Numerosos religiosos interpretan que la única finalidad por la cual Dios creó el sexo fue (y es) la reproductiva. Sin embargo, afirmar esto rotundamente no es exacto o, al menos, no lo es del todo. Y basta la mera observación del mundo natural circundante para darnos cuenta que no siempre es así como ellos creen y enseñan.

La sexualidad existe meramente en el mundo orgánico y se manifiesta en el reino vegetal y animal exclusivamente. No así en el mineral.

Es correcto decir que la sexualidad tiene *capacidad* reproductiva, pero no decir que esta es exclusivamente su *finalidad*. No es claramente el caso de los seres humanos. Parece que si es exclusivamente reproductiva en los animales (y probablemente también en los vegetales). En realidad, no podemos saber a ciencia cierta si los animales experimentan algún tipo de placer cuando copulan. Podría ser que sí. Pero afirmarlo o negarlo no conduce a nada, porque la verdad es que no podemos saberlo con certeza. Si, en cambio, sabemos que el sexo en los seres humanos produce un placer que no tiene necesariamente que ver con la capacidad reproductiva del mismo.

Está claro que -en el humano- el deseo de tener hijos no guarda punto de conexión con el deseo de tener sexo, aun cuando seamos plenamente consciente que esto último es el medio idóneo para cumplir con el primer deseo. Pero el punto es que se tratan de dos deseos diferentes. La mejor demostración de esto es que los individuos (hombre o mujer) o las parejas que son infértiles buscan tener hijos por otros medios artificiales, dado que la naturaleza les ha negado la posibilidad de haberlos por sus vías.

Quizás la clave se encuentre en las palabras que utilizamos. Parece haber una diferencia (aunque algo sutil) entre el *instinto* y el *deseo*, que hace el primero más propio de los animales y el segundo más de los seres humanos. Al menos en materia sexual. Veamos que nos dice el diccionario de la Real Academia Española sobre estos dos términos:

instinto
1. m. Conjunto de pautas de reacción que, en los animales, contribuyen a la conservación de la vida del individuo y de la especie. Instinto reproductor.

deseo
Del lat. desidium.
1. m. Movimiento afectivo hacia algo que se apetece.
2. m. Acción y efecto de desear.
3. m. Objeto de deseo.
4. m. Impulso, excitación venérea.

El punto diferencial parece estar dado en el hecho de que el instinto es un "Conjunto de pautas de reacción…. en los animales", en tanto que el deseo es un "Movimiento afectivo hacia algo que se apetece". Y ese "movimiento" es efecto de una acción, no de una reacción (como en el caso del instinto).

La *acción* -siguiendo a Ludwig von Mises- implica propósito deliberado. Su esencia es que se trata de una conducta reflexiva. En tanto la *reacción* es lo contrario. De allí -siempre en línea con este último autor- que la acción solamente puede ser humana, en tanto que la reacción puede presentarse a veces en lo humano (en determinadas y muy puntuales situaciones) pero será exclusiva siempre en lo animal. De donde concluimos que el instinto es exclusivamente animal, mientras que el deseo es únicamente humano.

Esto -a su turno- para nosotros marca el lugar distintivo entre el sexo animal y el humano. En tanto el primero es -en el animal- un instinto, en el humano es un deseo.

Como "Conjunto de pautas de reacción" el instinto es inevitable, contrariamente al deseo, que es evitable y puede suprimirse, postergarse, o cambiarse por otro. El instinto es irrefrenable, pero el deseo puede ser contenido.

Los animales no pueden evitar tratar de copular cuando les llega su época de celo. He aquí otra diferencia fundamental entre la sexualidad humana y la sexualidad animal. El ser humano no tiene asignada ninguna época de celo para relacionarse sexualmente, lo que, a nuestro juicio, es otra demostración irrefutable más de que la sexualidad humana y la sexualidad animal no tienen puntos de contacto, excepto en la forma en que las especies se unen físicamente, aun cuando también existen notables diferencias en cuanto a la forma en que lo hacen las distintas especies. Pero lo cierto es que, el deseo sexual humano no obedece a ninguna norma natural que lo determine a experimentar esa necesidad en específicos periodos del año (o de los años) y no en otros. En lo humano, el sexo es una decisión más que ninguna otra cosa.

Los animales, en cambio, solo sienten la necesidad de copular en sus épocas de celo específicas. Pasadas las mismas, su apetito sexual desaparece por completo hasta la próxima temporada de celo que, conforme a "la naturaleza" o voluntad divina, les corresponda.

Por supuesto, los animales no tienen ninguna conciencia de por qué razón experimentan ese impulso. Como no tienen deseos no tienen conciencia de que son meros instrumentos de Dios para procrear la especie. No copulan porque "quieran" tener hijos. ni saben por qué después nacen sus crías. son solo meros mecanismos de una voluntad sobrenatural para los que creemos en Dios, o de "la naturaleza" para quienes no creen en Él.

Cuando la época de celo llega al animal, este realiza los movimientos sexuales compulsivamente y de manera mecánica, aun cuando no tenga ninguna pareja a mano. Los perros machos -por ejemplo- se aferran a cualquier objeto sobre el cual puedan hacer sus movimientos como si estuvieran copulando. El tronco de un árbol, la pata de una mesa o una pierna humana pueden ser desesperados sustitutos si ninguna ejemplar hembra se halla cerca. Incluso otro ejemplar del mismo sexo puede ser un reemplazo. Si dos perros machos están en celo y no hay ninguna perra disponible, uno tratará de copular al otro, o hacerlo mutuamente. En celo, los animales son manejados por una fuerza ciega e irresistible, que los impele a usar cualquier objeto u otro animal como sustituto. No es algo que el animal pueda controlar ni discernir porque no tiene conciencia de ello. Entre los animales el coito es lo más parecido a un acto de violación, y en muchos casos es bastante brutal. A ello los lleva el instinto.

La sexualidad humana es completamente diferente porque no es un instinto sino un deseo. No se rige por épocas de celo, ni se trata de impulsos incontrolables por la mente humana que es, en definitiva, la que dirige el proceso.

Pero que el sexo en los humanos sea un deseo y no un mero instinto, no lo hace por sí mismo "malo" como piensan y enseñan muchos religiosos. Para nosotros un deseo solo es malo cuando daña o aspira a dañar a otro u otros. Pero si este no es el caso, todos los deseos son buenos. Y si el acto sexual no daña ni busca dañar a nadie no vemos razón alguna de tachárselo de "malo" o "mecanismo".

Ahora bien, para aquellos que sostienen la opinión clásica, e incluyen el sexo dentro del mundo de los instintos, la conclusión no puede ser diferente. En este supuesto, los instintos son creación divina, por lo que no puede haber instintos "malos" porque sería como decir que habría creaciones divinas "malas". Y todo lo que hizo Dios es bueno. Por ende, el sexo -como instinto creado por Dios- tampoco puede ser "malo". De la misma manera que no puede tacharse de "malo" el instinto de conservación, que nos impulsa a comer, dormir, abrigarnos si hace frio o refrescarnos en días muy calurosos. Si se quiere decir (para los que tienen una perspectiva religiosa) que todas estas conductas son instintivas, es absurdo que sostengan que algunos de estos instintos -o la mayoría de ellos- son "malos" en tanto que hay otros que son "buenos".

Si todo lo creado por Dios fue y es bueno, conforme nos los dice el mismo Dios en el Genesis (primer libro de la Biblia) por *el principio de no contradicción* no pudo haberlo declarado malo, ya que Dios nunca miente. Menos aún el hombre (mera creación de Dios) puede declarar malo lo que Dios ha hecho (y dijo) bueno.

Si la única finalidad de la sexualidad humana fuera la reproductiva, entonces Dios -en su Infinita Sabiduría- hubiera asignado épocas de celo también a los humanos (como las que creó para los animales) para evitar proliferaciones de seres inocentes que no pudieran ser ni criados ni mantenidos económicamente como sucedía en tiempos anteriores a la Revolución Industrial. Y los humanos solo copularían cuando llegara su respectiva época de celo, y dejarían de hacerlo cuando esta desapareciera. Pero la menor observación de la vida práctica demuestra que no es así. Ni nunca lo fue. Ergo, no puede decirse que la única finalidad del sexo es la reproductiva. Ha de haber otras. Y todas ellas son de la Voluntad Divina, de lo contrario Dios no las hubiera creado.

Vienen a propósito de lo anterior, las siguientes reflexiones que citamos textual e íntegramente:

"Un cristiano nunca es él mismo"

"De modo que el cristiano, en tanto es cristiano, nunca es él mismo. En el fondo, siempre vive contra sí mismo o, dicho de otra forma, no puede «vivir»; al menos no puede llevar una vida plena desde el punto de vista sensual, una vida íntegra y elemental. Porque quien limita o bloquea su libido en contra de sus necesidades, limita su propia vida y la bloquea. Todo lo que desea de verdad no le está permitido; y todo lo que debe hacer va contra su naturaleza.

La religión cristiana ha separado al ser humano de su propio ser, lo ha escindido en dos entidades, forzándolas a una lucha permanente, y ha asentado en él una discordia y un estado de descontento permanentes, la controversia y el enfrentamiento; no ha sido la primera religión en hacerlo, pero sí la que lo ha hecho más metódica y vilmente. En el cristianismo, lo emocional es truncado desde la niñez, lo sexual es mutilado, casi todos los deseos sexuales son tachados de malos o perversos. El Yo es difamado y lesionado, se refrena el afán de conocimientos y el desarrollo de la libertad y de la autonomía. Pero la «renuncia» ascética acaba por provocar sentimientos de vergüenza y de culpa, actos de contrición, melancolía y, a menudo, irritabilidad patológica, deseos de venganza, una disposición belicosa y persecutoria; y tendencia a la desesperación o al despotismo. El que está sexualmente insatisfecho no puede ser dichoso y muchas veces ni siquiera puede ser un individuo pacífico.

Si el asceta peca, le abruma el sentimiento de vergüenza. Si se controla, tropieza en la próxima ocasión o en la siguiente y se hunde cada vez más en un dilema enervante: la tristeza y la resignación o el fanatismo y el odio. Porque, de la misma manera que el amor pretende hacer feliz a la persona amada, de la misma manera que una vida sexual regular libera y el orgasmo relaja, su negación continuada provoca una congestión permanente: excitabilidad, irritabilidad y ataques nerviosos que alteran y deforman en primer lugar al propio individuo y después a las personas de su entorno.

¡Cuánto mal han causado y causan los neuróticos que descargan sus tensiones psíquicas, al tiempo que atormentan a los demás con la pedantería, el doctrinarismo y el comadreo sólo porque ellos mismos fueron atormentados por la moral dominante! Y es que, la mayoría de las veces, el neurótico, en su niñez, fue educado en la pureza y la castidad.

¡Cuántos estragos ha causado la prohibición del onanismo, por ejemplo! ¡Cuántos miedos provocó, cuántos escrúpulos, enfermedades psíquicas y crímenes! «Con mucha frecuencia, la prohibición de la masturbación constituye el comienzo de una neurosis juvenil, el primer paso de una perversión y, en muchos casos, la verdadera razón de un asesinato (...) Pero no es sólo la prohibición del onanismo; la prohibición de todas las demás actividades infantiles posibles conduce también a la frustración y al miedo a ser descubierto en caso de infracción. El miedo desencadena agresiones. Un día las agresiones dan paso al asesinato. El asesinato es, en este sentido, el sucedáneo de la «actividad prohibida» (A. Plack, «La sociedad y el mal»).

La represión del propio deseo, la violencia contra uno mismo, es demasiado a menudo la responsable de la intolerancia y la inhumanidad hacia los demás. La mortificación se venga, el impulso en la dirección equivocada busca salidas y aparecen toda una serie de conflictos sociales que van desde la insolidaridad a las catástrofes colectivas, pasando por vilezas de todo género. Más o menos insatisfecho, más o menos baqueteado física y moralmente, el ser humano se rebela. La represión sexual permanente, ese alejamiento del ser más vegetativo y animal (¡que, por supuesto, no excluye un alto nivel intelectual!) exigido y promovido por el clero, se convierte al final en inhumanidad, la moral del amor pasa a ser la moral del odio que, con frecuencia, no es más que un equivalente embriagador de los placeres que faltan, del gozo del que uno se ha visto privado."[38]

Salvando algunas pequeñas exageraciones, podemos estar —en general- de acuerdo con el autor citado arriba. Muchos que hoy se declaran cristianos exhiben cierta hipocresía cuando condenan las actividades sexuales de los demás, sin decir nada de las suyas propias. No criticamos a quien quiera ser asceta, siempre y cuando no pretenda imponer su ascetismo a los demás.

---

[38] Karlheinz Deschner- *Historia Sexual del cristianismo*. Páginas 288 y 289

Pero, no podemos ser tan severos con los redactores de la antigua Biblia, que ni siquiera podían identificar con un nombre preciso las enfermedades sexuales que sufrían. Este desconocimiento incluye a San Pablo, cuya notoria aversión al sexo puede originarse en algunos de los puntos que enumeramos más arriba, y a quien -dado la época en que vivió (y en que él ni siquiera tenía el menor conocimiento médico, como pudo haberlo tenido San Lucas)- padecía de la misma ignorancia generalizada en torno al origen de las enfermedades venéreas. En ese marco, hasta tenía cierta lógica que condenara todo lo que tuviera alguna relación con el sexo (si bien parece haber exagerado la nota al llevar su crítica al matrimonio mismo).

Pero, en cambio, como dejamos dicho, nos sumamos a la enérgica critica que Deschner hace a los "modernos" (clérigos o no) que, a la luz de los avances científicos en materia de salud (y a pesar de ellos) continúan vituperando lo sexual como *inmundo, inmoral, lascivo, escandaloso o pecaminoso*, tal y como se lo hacía en la antigüedad, ya que - en nuestro actual estado de la ciencia en materia de salud sexual- mantener una censura moral a lo sexual sólo puede basarse en razones psicopatológicas.

Epílogo

Llegamos al final de este libro y es bastante probable que su lectura haya irritado a más de un fanático religioso, cristiano, judío, o que -sin profesar ninguna de estas dos confesiones- sencillamente, sus puntos de vista no concuerden con los nuestros. Sería una pena que así fuera porque -a no dudarlo- esta no ha sido la intención de su autor.

Soy consciente de que cuando se tocan temas religiosos o políticos pueden herirse sensibilidades, ya que en su tratamiento suelen entremezclarse las pasiones y otros tipos de emociones, a veces malsanas.

No obstante, esta pequeña obra no busca la provocación, polémica, ni despertar enconos, sino la sencilla exposición de mis puntos de vista sobre temas que -debo confesar- generó en mí mismo no pocas dudas e incertidumbres.

En suma, mis conclusiones sobre este tópico es que todo el tema del matrimonio y divorcio en la Biblia (lo que incluye, desde luego, los Santos Evangelios) parece enmarcado y circunscripto históricamente al caso de la cultura y religión judía exclusivamente de aquellos muy antiguos tiempos. Queda claro, al menos para nosotros, que el divorcio del que se habla en la Biblia poco o nada tiene que ver con el divorcio de nuestros días, por lo que equipararlos —como hacen muchos cristianos- extrapolando en el tiempo las condiciones sociales de aquella época (en particular la de la mujer) resulta por completo anacrónico.

Muy pocas analogías pueden encontrarse con la situación socioeconómica de la mujer de nuestros tiempos. Tampoco las instituciones jurídicas y el tratamiento a ella dado en la actualidad tienen ningún punto de contacto con los tiempos bíblicos.

La cultura de la gente de hoy, aun de las personas más rústicas, es muy superior a la de los hombres más sabios de la antigüedad (con muy pocas excepciones). Tengamos en cuenta que la mayoría de las personas de la antigüedad era (hasta no hace muchos siglos atrás) completamente analfabeta. Solo los nobles, escribas y doctores de la ley (y algunos pocos afortunados más) sabían leer y escribir, y sus títulos estaban dados por estas meras circunstancias. Cualquier persona de una cultura media-baja de hoy en día los superaría con holgura en conocimientos.

De más está decir que, estas apreciaciones no incluyen de ninguna manera al mismísimo Nuestro Señor Jesucristo que, siendo el mismo Dios, superaba entonces y hoy a todos en sabiduría y virtudes.

Y que, ni el matrimonio ni el divorcio de la antigüedad tuviera que ver en casi nada con el nuestro actual, no quiere decir que -en el momento presente- el divorcio sea deseable en sí mismo, ni como práctica habitual. Siempre deberá ser -en todos los casos- tratado y adoptado como una solución extrema, de ultimísima instancia, en lo posible consensuada y aceptada por ambos esposos, punto este último que no era de ninguna manera posible en tiempos de Cristo (ni posteriores siglos hasta hace muy poco), ya que la mujer estaba absolutamente sometida al marido en su condición de esclava de este y, como tal, carecía de opciones ni derechos de ninguna índole.

En la inteligencia de lo difícil que puede ser para el ser humano desentrañar, a veces, la voluntad divina debemos ser muy cautos en nuestras relaciones con los demás. La norma que debe inspirar toda conducta humana - a nuestro entender- es la de no dañar a las otras personas, y no hay ninguna razón para que esta regla no se observe en todas las relaciones humanas dentro de las cuales la de la pareja es también parte. Y es una parte importante, porque se trata de la persona o personas con las cuales comprometemos sentimientos más hondos que con las demás.

En suma, espero que la lectura de este libro haya servido para mostrar una visión alternativa a un tema polémico y que siempre ha despertado puntos de vista contrapuestos. Este autor ha querido -simplemente- dar el suyo como lo hubiera expresado en la presentación de la obra.

www.ingramcontent.com/pod-product-compliance
Lightning Source LLC
Chambersburg PA
CBHW030400290526
45785CB00004B/1842